# RECONSTRUYENDO
## NUESTRA CASA INTERIOR

# RECONSTRUYENDO
## NUESTRA CASA INTERIOR

MARIA ROMERO

UNA MIRADA CON HUMOR NEGRO DE
LAS INJUSTICIAS SOCIALES ACTUALES

**Para realizar pedidos de este libro, contacte con:**
Palibrio
1663 Liberty Drive, Suite 200
Bloomington, IN 47403
Gratis desde EE. UU. al 877.407.5847
Gratis desde México al 01.800.288.2243
Gratis desde España al 900.866.949
Desde otro país al +1.812.671.9757
Fax: 01.812.355.1576
ventas@palibrio.com
428550

# ÍNDICE

# DEDICATORIA

A todos los que han sido atrapados por la obscuridad o las malas acciones, como le quieran llamar. Tal vez te sentirás tan sucio, diferente a los demás. Tal vez estés llorando y te arrepentirás o tal vez estés empecinado en tu mal actuar. No se te olvide, lo primordial es perdonar ¡Perdónate a ti mismo y podrás hacerlo con los demás! ¡Levántate, te has caído, límpiate las rodillas y sigue adelante!. Muchos se burlaran, no pararan de criticarte, señalaran la pelusa en tu ojo y ellos tiene una viga y muy grande. Si vas a Jesús con el corazón contrito y sinceramente le dices ¡Perdón he caído, el te ayudara a enmendarte! Si después de hacer esto reincides, no te endurezcas, si insistes e insistes en levantarte, el bien incluso te dirá, gracias por llamarme he venido a liberarte.

A todos los que han sido victimas del mal, no importa la magnitud del daño, siempre hay que perdonar, no olviden que el que actúa mal, cavando una fosa esta; en la cual, el mismo caerá, mejor recemos por que prevalezca el bien, y no sigan dañando a los demás. Ya te hizo daño, no te hagas más daño tu también; odiándolo, solo te parecerás a el. Recordando el daño que te hizo te encadenaras a el, échalo al olvido y te libraras de el. Ten la seguridad de que aunque a simple vista le vaya bien, habrá días en que se agolpen en su mente los errores plagando su noche de horrores. ¡Pobre! Compadécete de él, a ti Dios te compensará por el daño recibido y muy bien y a el las consecuencias de sus actos le perseguirán, el remordimiento lo torturara. No lo juzgues, el único para juzgar es Dios. No vaya a ser que tu sin haber hecho nada, termines juzgada tan duramente como le juzgaran a el por tratar de tomar el lugar de Dios señalando con el dedo a quien no actúa bien.

Con todo el amor de que Dios me ha hecho capaz.
Con el conocimiento que mis experiencias me dan
Con el arrepentimiento sincero de haber actuado mal
Con la esperanza de que a quien he lastimado me haya perdonado
Con el perdón sincero para todo el que me haya lastimado ya.
QUE TODOS INVOQUEMOS AL CRISTO DE LA
ESPERANZA, QUE ES LO QUE NECESITAMOS EN ESTA
CRUEL BATALLA

# AGRADECIMIENTO

Agradezco a Dios la claridad de pensamiento que me han dado mis experiencias de vida, ahora se que las dificultades no han sido en vano, me han enseñado a crecer mental y espiritualmente, he aprendido de todo cuanto he vivido y de todos a los que he conocido y han contribuido a mi desarrollo en mi estancia en esta gran escuela que es la vida.

Agradezco a todas las personas que encontré a lo largo de mi camino por la vida, y compartieron experiencias de todo tipo conmigo, pues tuve la gran oportunidad de brindar aliento en el momento oportuno a quien mas lo necesitaba, de superar los bloqueos de la gente que me obstaculizaba y aprendí a perdonar y tuve la bendición de siempre encontrar una mano amiga también.

Reitero mi agradecimiento a mi adorable hija con su nacimiento yo renací, con su existencia me empezó a pulir, y cada que me he quebrado ella ha estado ahí como el restaurador de Dios para seguir su obra en mi, e hizo que superara, la miseria en que caí, mirando su carita encontré la calma cuando mas lo necesitaba y me sostuvo en sus brazos al ver que lloraba y con todo esto comprendí su amor es el grito de Dios diciendo ¡no lo ves! aquí estoy, escuche tu clamor, acepto tu arrepentimiento y a través de ella recibe mi amor.

Muchas gracias a ti lector, que seguiste el impulso de tu corazón y por medio de este libro el universo nos unió, nada es casualidad y seguro encontraras lo que más necesitas en este tu momento al ir leyendo. Pues se que al menos uno de todos estos relatos, los has vivido, los estas viviendo ó estas por vivirlos. Y entonces sentirás que cada uno, tú, yo, todos individual y colectivamente; contribuimos a diario, para tener un hogar mejor, una sociedad mejor, que vivimos en una misma casa llamada planeta tierra y somos uno, somos las piezas que forman el engrane que mueve este mundo.

# PRÓLOGO

"Reconstruyendo nuestra casa interior" Habla del ser humano de hoy y ya que todos juntos formamos la Sociedad, "Nuestra casa interior" se convierte en Patrimonio de la Humanidad. Es la analogía entre lo espiritual y lo material, la contaminación ambiental y espiritual, la bondad y la maldad, nuestro personalidad exterior y nuestro ser interior, tan olvidado ya, que nos ha llevado a actuar; convirtiéndonos en divertidos personajes, se hablara en plural, incluyéndose el mismo autor, que es el medio de expresión, en algunos casos observador y en otros descubriéndose a si mismo relatando su propia actuación.

Debido a la contaminación del planeta, nos dicen que esta muriendo, de la misma manera; debido a la contaminación de nuestro ser, nuestro espíritu; esta muriendo también. Así como la contaminación ambiental, no nos deja ver ese hermoso cielo azul y no nos deja respirar bien, así la contaminación de nuestro ser, no nos deja ver la bondad de nuestro espíritu, el resplandor de nuestra alma, nuestro "Cielo azul interior" todo esto, esta sofocando nuestra esencia, ennegreciéndola y no nos deja respirar bien. Todo esto nos dará la respuesta del porque somos así, como actuamos en el diario vivir, injusticias por doquier por lo tanto también es.

La narración de Injusticias Sociales, con un poco de humor negro, porque si no fuera tan trágico, seria divertido. Leeremos nuestras penas diarias, Personales, Sociales, pero sobre todo Espirituales donde tu y yo nos veremos reflejados ¡si tu! quien quiera que seas. Es la historia más completa donde tú eres el personaje principal, tú eres el principio y el fin en esta historia.

Ya basta de ver las historias en novelas, películas, noticieros y llorar o reír por algo que no nos atañe, o criticar a personas que son unos completos desconocidos para nosotros, aunque sean famosos. Todo te habla de otros, de su éxito, derrota, pobreza o riqueza, de su iluminación, y nadie habla de nosotros los trabajadores y nuestra familia. Nuestra historia también es importante, porque es la única que nos afecta o beneficia directamente, en carne propia, física, mental, espiritual y socialmente.

Abunda información acerca de cómo debemos ser, como debemos alimentarnos, como podemos mejorar profesionalmente, físicamente, todo esto nos esta hablando de nuestro exterior, todo esta enfocado hacia fuera. Además la solución que nos dan, es consumismo puro.

Nadie habla de mi, de ti, de las personas comunes y corrientes ¡También nosotros somos importantes! cómo somos, de cómo vamos viviendo a diario, existe en TV los programas panelistas, donde las personas ventilan, su estructura familiar, que por supuesto es pésima, por eso llegan ahí su único objetivo es decirle "Lo que se merece" al que esta actuando mal y "Compadecer" al que soporta el mal comportamiento de su familiar, denigrando públicamente.

Aquí lo que se busca es despertar la conciencia de cada uno. Merecemos que se nos hable de belleza, pero de "Belleza interior", merecemos que se nos hable de salud pero no solo física, también mental y espiritual, sin inducirnos al consumismo, pues la solución que se da, no se puede comprar, esta al alcance de todos, los que realmente se quieran curar, son nuestros recursos internos

Por lo tanto es urgente que reconozcamos que no solo tenemos que limpiar nuestra casa material, sino también nuestra casa interior, nuestro ser interior, de lo cual; me permito hacer una visualización de nosotros mismos, como si fuéramos una casa "nuestra casa interior" que no solo tenemos que lavar nuestra ropa, sino también el Alma y el mejor jabón se llama "lagrimas" de perdón o por haber sido perdonado, lagrimas de arrepentimiento con ese sincero reconocer de lo mal que actuamos, lagrimas de alegría cuando hagamos un habito el agradecimiento. El Alma es nuestro atuendo básico, si no la lavamos frecuentemente, apagara nuestro espíritu

Así que aquí hablaremos de los Problemas Sociales del Siglo, de la Vida desde diferentes puntos de vista, y de cómo desgraciadamente hemos vuelto a caer en la idolatría y hemos construidos nuestro propio ídolo, haciéndolo; el nuevo dios, el Dinero, origen de nuestros males espirituales. Reconoceremos a nuestro primer Enemigo Interno "La Mente" madre de horribles hijos, que son los malos Pensamientos y Abuela de horribles nietos, que son los malos Sentimientos y chiquita pero picosa es su bisnieta, la Lengua; con toda su prole, que son las palabras hirientes. También reconoceremos a los Enemigos externos de nuestros días. La Tecnología líder de muchos mas. Estaremos tan exhaustos después de echarle una mirada a nuestra realidad, que necesitaremos descansar, así que entraremos en "Nuestra Casa Interior" esta en ruinas pero al fin "Hogar, Dulce, Hogar".

Ahí hablaremos un poco, frente al calor del corazón y haremos reflexión de cómo nos sentimos cuando actuamos mal. Eso nos fortalecerá para volver afuera y echarle juntos una mirada a nuestra casa exterior, nuestra vida exterior. Veremos como nuestros mejores amigos son nuestros peores enemigos que están contaminando nuestro ser, como nos afectan de por vida y hasta la muerte si se los permitimos. Y además nos han convertido en actores de quinta, nos han empujado a desarrollar diferentes personajes y veremos; no sin reír, a quien nos ha tocado caracterizar. Nos daremos cuenta cómo con nuestras acciones diarias, nos afectamos a nosotros mismos y a los que nos rodean.

Nos iremos conociendo poco a poco a nosotros mismos, como somos, quienes somos, después la revisión de nuestra familia, saldremos de casa y hablaremos de los vecinos y nuestro vecindario, saliendo de nuestro vecindario, haremos el trayecto de casa a la oficina o lugar de nuestras actividades cotidianas y veremos los muy divertidos personajes que somos en la calle y el comportamiento social de los conductores del transporte público y de los conductores particulares, llegaremos a nuestra oficina y descubriremos que personaje caracterizamos ahí, hablaremos de nuestra empresa ó patrón, y de la discrepancia entre empresario particular y gobierno, como lo vivimos la clase trabajadora y lo mucho que esta afectando a todos.

Y como no todos tenemos la dicha de tener empleo, hablaremos también de los desempleados que no les queda mas que emplearse a si mismos, desarrollando algún oficio por su cuenta. Convirtiéndose inevitablemente en servidores públicos también.

Aquí podrás visualizar que nuestra conciencia esta dormida y es urgente despertarla antes de continuar y las consecuencias son los actos inconcientes de los "Poderosos" los mas afortunados como afectan a los de abajo o menos afortunados.

Cada país tiene su infraestructura Gubernamental y Empresarial y aquí se hablara únicamente con el punto de vista de la clase trabajadora de México. Exactamente lo que esta pasando y muchos estamos sufriendo.

En cuanto al comportamiento social que tiene el ser humano en nuestra sociedad es lo mismo en todo el mundo con las variantes propias de cada país; como Tradiciones, Religiones, Niveles de vida.

Escuchando todo este tipo de historias, venidas de diferentes personas, de todas clases sociales, edades y formación académica. Me di cuenta que nunca hablamos con la verdad por miedo a herir susceptibilidades, romper la armonía de nuestro entorno o sufrir represalias.

Por lo tanto me complace escribir lo que se que muchas personas desean tanto decirle a sus familias, amigos, vecinos, compañeros de trabajo, jefes, a las personas con las que se topan en las calles, pero que nunca lo harán, por lo que muchos me dijeron "para que meterse en problemas"

No necesitamos cambiar a nadie, por comenzar cambiando nuestro propio ser, con eso modificaremos al menos un poco nuestro mundo.

No se trata de criticar a nadie, pues no olvidemos "El que juzga, será doblemente juzgado".

Cabe mencionar que todos somos buenos y malos, todos cometemos errores, y esto sucede todos los días. Así que porque no reírnos de nosotros mismos.

Tal vez leyendo cual es nuestro comportamiento con nosotros mismos y los demás, podamos estar más concientes para actuar.

A todos se nos va a helar la sonrisa cuando encontremos el personaje, con el cual nosotros mismos nos vamos a identificar, nadie te lo va a decir pero tú sabes que ¡Eres Así! estoy segura que no te va a gustar visualizar tu comportamiento al ir leyendo y lo vas a modificar.

No se esta señalando con el dedo a nadie en particular, pues nos daremos cuenta que todos en nuestra vida, hemos asumido más de uno; de estos peculiares personajes.

# INTRODUCCIÓN

Este libro busca que dejemos de ser tan adustos y riamos de nosotros mismos, mira a tu alrededor, estas en tu sillón favorito, en casa, ¡Que empiece la función! estamos enfermos y dicen que la risa es la mejor medicina, por lo tanto, me he tomado la libertad de clasificarnos, de acuerdo a como nos ve la sociedad, en muchos casos la gente se expreso de otro modo, por lo tanto aparece un poquito modificado, para que no aparezca tan burdo al ir leyendo, los apodos surgieron para clasificarnos y estalle en risa cuando a mi misma me acomodaron más de uno, pero todo aparece muy cercano a lo que la sociedad, siente, vive, y expresa.

Busca la tolerancia que innegablemente nos conducirá a la reconciliación primero con nuestro ser interior y luego con el exterior.

Busca que reconozcamos que nuestro peor enemigo esta dentro de nosotros mismos, contaminando nuestra esencia, bloqueando nuestro paso por la vida, hay que insistir vehementemente en revisar nuestro interior, limpiarlo. Solo así nos proyectaremos hacia afuera amorosamente.

Es bien sabido que tenemos características propias y otras las adquirimos, pero ya sean propias o adquiridas, pueden ser malas o buenas, las buenas nos ayudan a crecer, las malas nos estancan, evitando nuestro crecimiento, sumiéndonos en la mediocridad.

Mediocridad que desaparecerá en cuanto aceptemos que ese no es el camino y busquemos uno mejor. Dios puso en nuestro corazón una alarmita, que se activa en cuanto estamos lastimando, ya sea a nosotros mismos o a alguien más, ya sea con palabras o con acciones, y no la escuchamos pero la sentimos. Sabemos que está encendida cuando ocultamos algo, se apaga cuando eso que ocultamos, desaparece de nuestra vida, y por supuesto que no necesitamos decirlo, hablarlo, basta con solo dejar de hacerlo. Pero la necedad que esta en nuestra naturaleza, no nos deja escucharla y muchos menos sentirla, la ignoramos por completo. Y nos sentimos hábiles e inteligentes, pensamos para nuestros adentros "Nadie lo sabe". Pero que importan los demás, el mas importante es Dios ¡y el lo sabe! ¿Y tú? ¡Tú también lo sabes! nacimos inteligentes y con libre albedrío. Tenemos que usar estos dos regalos de nuestra naturaleza, para elegir siempre lo mejor para nosotros mismos y los que nos rodean.

Es urgente que nos sobrepongamos a la esclavitud en que nos tienen sumidos las adicciones y debería ser fácil pues nosotros tenemos la llave de ese grillete, lo cerramos por elección propia, pero no tenemos fuerza de voluntad para abrirlo y saborear la libertad espiritual para la cual fuimos hechos, por la simple razón de que; no nos queremos, en el fondo nos odiamos. Somos ingratos, si nos odiamos es porque no valoramos la gran obra de Dios en nosotros.

Y es más urgente aún; que empecemos a alimentarnos espiritualmente, será el sedante que necesitamos para seguir en esta loca carrera que nos hemos impuesto, es hora de ejercitar al corazón y darle vacaciones a nuestra mente.

Ha llegado el momento de bajar la armadura que es nuestro cuerpo y ver lo que hay dentro, dejar que nuestra alma se expanda, liberar nuestra esencia que esta encapsulada, elevar nuestro espíritu, descomprimir nuestro ser.

Tenemos que llorar por vergüenza, miedo, impotencia, arrepentimiento, perdón.

Tenemos que reír de alegría, nunca por sarcasmo

Tenemos que agradecer lo bueno y lo malo también, aceptar que lo que recibimos, es lo que merecemos, y que ni siquiera hicimos nada para lograrlo, basto con desearlo.

Tenemos que rectificar sin importar que demos el brazo a torcer

Tenemos que comprender y perdonar honestamente y no por complicidad, pues cuando esta en juicio un error que nosotros ya cometimos, ¡Lo "comprendemos", lo perdonamos! Pero si es algo que nosotros aún no hemos hecho ¡Lo Juzgamos, y más duramente, que el mismo Dios! Eso no es comprender, eso no es perdonar, eso es complicidad. Tenemos que tratar al menos de frenar, ese veneno mortal, la lengua símbolo del mal, cuando dejamos que nos domine, más nos valiera ser mudos. Es un fuego mortal, veneno puro. Poniendo trampas, tantas trampas a los demás, que en más de alguna nos atrapará y somos presas de nuestra propia lengua hay que mandarla callar.

Tenemos que borrar nuestros propios errores y no cometer más antes de criticar y juzgar.

Tenemos que aceptar que para la maldad no existen clases sociales, no importa si somos ricos o pobres en cualquier grupo se encuentra la maldad y la bondad

Todo lo anterior, si es rediseño personal.

# PROBLEMAS SOCIALES DEL SIGLO

VIVIMOS **LA VIDA** COMO NIÑOS, PERO NIÑOS CAPRICHUDOS. NUESTROS ANCESTROS VIVIAN LA VIDA AMANDO Y AGRADECIENDO A NUESTRA MADRE TIERRA TODO LO QUE OBTENÍAN DE ELLA DE MANERA NATURAL, AHORA NOS HEMOS OLVIDADO DE AGRADECER Y DE UN MODO ATROPELLADO NOS HEMOS ATREVIDO A PENETRARLA, CON NUESTRA ALTA TECNOLOGÍA, HASTA LO MÁS PROFUNDO DE ELLA, PARA OBTENER MAS INCLUSO DE LO QUE MERECEMOS. IMAGINEN QUE LA TIERRA ES UNO DE NOSOTROS AL QUE LE HEMOS SACADO LOS ÓRGANOS Y HEMOS RELLENADO CON ASERRÍN EL INTERIOR. ASÍ ESTAMOS RELLENANDO EL INTERIOR DE NUESTRA MADRE TIERRA CON TONELADAS Y TONELADAS DE BASURA, TODO EN NOMBRE DE LA COMODIDAD. EN EL PRINCIPIO DE LOS TIEMPOS SE LE DIO AL HOMBRE EL PODER Y DOMINIO SOBRE LOS ANIMALES AHORA SE HA VUELTO UN ANIMAL MAS PERDIENDO EL DOMINIO SOBRE TODO HASTA DE EL MISMO.

EL DIOS MAS VENERADO ES **EL DINERO** Y ADEMÁS LO CONFUNDIMOS CON LA FELICIDAD. PERO LA FELICIDAD ESTA EN EL INTERIOR NO SE PUEDE TOCAR, PERO SE PUEDE SENTIR, AHORA LA HEMOS EXTERIORIZADO, LA HEMOS MATERIALIZADO Y LE HEMOS CAMBIADO EL NOMBRE Y LE LLAMAMOS

DINERO. NOS HEMOS DEVALUADO DEJANDO QUE LOS CEROS DE LA CHEQUERA DEFINAN NUESTRO VALOR REDUCIENDONOS CON ESTO A UNA SIMPLE OPERACIÓN MATEMATICA. SOMOS PRESAS DE LA AMBICIÓN QUE NOS LLEVA AL MATERIALISMO ESTO NOS HACE EXISTIR AFUERA EN LA SUPERFICIE, SOMOS SUPERFICIALES. SIEMPRE COMPITIENDO CON LOS DEMÁS TRATANDO DE DEMOSTRAR QUE TENEMOS MAS. NUESTRO AMO, PRIMER Y MÁS ACÉRRIMO **ENEMIGO INTERNO** LA MENTE. EMPEZAMOS AUTOMATIZÁNDONOS Y TERMINAMOS DIGITALIZÁNDONOS, CAPACITÁNDONOS Y TERMINAMOS INSENSIBILIZÁNDONOS. NUESTROS AMIGOS INSEPARABLES LA PRISA, EL MATERIALISMO, EL CONSUMISMO AHORA NUESTRA MAYOR DIVERSIÓN ES IR DE COMPRAS, NUESTROS ANCESTROS LE DABAN INSTRUCCIONES A LA MENTE AHORA LA MENTE NOS DA INSTRUCCIONES A NOSOTROS. ELLOS ERAN EL AMO Y LA MENTE ERA SU SIRVIENTE AHORA NOSOTROS SOMOS LOS SIRVIENTES Y LA MENTE ES EL AMO. CONFUNDIMOS LA RELAJACIÓN CON EL CONFORMISMO, LO PRIMERO ES ESPERAR ALGO VISUALIZANDOLO, LO SEGUNDO ES NO ESPERAR NADA CEGANDONOS.

NUESTRO **ENEMIGO EXTERNO** LA TECNOLOGÍA, EN UN PRINCIPIO RECIBIMOS A LA COMPUTADORA COMO UN AVANCE TECNOLÓGICO, AHORA ES UN VICIO MÁS Y UN ARMA LETAL PARA QUIEN LA USA MAL, DESDE ROBOS HASTA LINCHAMIENTOS PROVIENEN DE INTERNET. EL RECHAZO ES AMIGO INTIMO DE TODOS SOBRE TODO DE LOS ADOLESCENTES AHORA LLAMADO BULLYNG. LE HEMOS ABIERTO LA PUERTA DE NUESTRA CASA AL ENEMIGO. RECIBIMOS AL AUTOMÓVIL PRIMERO COMO UN LUJO, LUEGO COMO UNA HERRAMIENTA AHORA LO HEMOS CONVERTIDO EN UNA MÁQUINA ASESINA.

TENEMOS EN RUINAS **NUESTRA CASA INTERIOR** HEMOS AUTO-ENCAPSULADO HERMÉTICAMENTE

A NUESTRO SER INTERIOR, VIVIENDO SOLO EN EL EXTERIOR. OLVIDANDO NUESTRO VERDADERO YO, NUESTRA CASA INTERIOR. NEGANDO LA RAZÓN AL CORAZÓN Y DEJANDO QUE MANDE EL SIRVIENTE QUE ES LA MENTE, SOFOCAMOS NUESTRA ESENCIA NOS HEMOS ROBOTIZADO. NUESTROS ANCESTROS ENALTECÍAN EL CORAZÓN Y NO POR AQUELLO DE LOS SACRIFICIOS, SINO POR EL ESPÍRITU, AHORA LO HEMOS ENCADENADO. NUESTRO ESCLAVO ES EL CORAZON, NUESTROS ANTEPASADOS SE REVELARON PARA EVOLUCIONAR, NOSOTROS PARA NO HACERLO. **CUANDO ACTUAMOS MAL** ES PORQUE NOS HEMOS DEJADO IMPREGNAR POR LA OBSCURIDAD, AHORA NOS COMANDA Y NOS LLEVA A ACTUAR MAL, ESCUCHEMOS AL CORAZON PARA ACTUAR SIEMPRE CON JUSTICIA Y RAZONAMIENTO, CON LA CONCIENCIA ABIERTA AL BIEN. EL MIEDO NUESTRA ARMADURA FAVORITA Y HEMOS TOMADO COMO ESPADA EL MOVIMIENTO Y COMO ESCUDO EL RUIDO DEBIENDO SER NUESTRA ESPADA LA QUIETUD Y NUESTRO ESCUDO EL SILENCIO. EL DOLOR NOS HA VUELTO NOMADAS, HUIMOS, NOS ENAJENAMOS, PARA NO SENTIRLO, PERO SOLO DEJANDO QUE NOS CUBRA TOTALMENTE DESAPARECERA, DE OTRO MODO NUNCA PODREMOS HUIR DE EL. SE DICE QUE LA MUJER PECO AL COMER EL FRUTO DEL CONOCIMIENTO, AHORA EL HOMBRE SE EMBRUTECE, SU FRUTO ES EL TABLE DANCE Y NO ADQUIERE CONOCIMIENTO, ADQUIERE ENFERMEDAD. LA MUJER COMIO EL FRUTO PROHIBIDO Y EN FRUTO PROHIBIDO SE VOLVIO CONVIRTIENDOSE EN CARNE PARA PERROS CUANDO SE PROSTITUYO.

EN CASA CON **LA FAMILIA** INVERTIMOS TODO LOS PAPELES Y NOS ESTAMOS AUTO-DESTRUYENDO AHORA EN CASA SER MADRE ES LO MISMO QUE SIRVIENTA-NANA-COCINERA-MESERA Y ADEMAS SIN DIA LIBRE,

MANDA EL HIJO Y OBEDECE EL PADRE. LOS ABUELOS DE HOY PADRES DE LOS HIJOS Y DE LOS NIETOS. AHORA A LAS "PERDIDAS" ¡LES LLAMAMOS "GANANCIAS"! Y LO VEMOS A DIARIO EN QUIEN SE ESTA DIVORCIANDO. NUESTROS ANCESTROS ENALTECÍAN AL ANCIANO ENTRE MAS ANCIANO MAS SABIO Y MAS VENERADO Y AHORA LEJOS DE ENALTECERLO LO DESPRECIAMOS, LO ABANDONAMOS, NOS BURLAMOS DE SU OCASO, AUN CUANDO SABEMOS QUE TAMBIÉN LLEGAREMOS AHÍ. ELLOS COMO HIJOS ERAN OBEDIENTES CON LOS PADRES AHORA, LOS PADRES SON OBEDIENTES CON LOS HIJOS. ELLOS COMO PADRES ENSEÑABAN A SUS HIJOS A SER PADRES A SU VEZ AHORA LES NEGAMOS ESE ORGULLO. ELLOS COMO ABUELOS TRANSMITÍAN A SUS NIETOS SU SABIDURÍA Y AYUDABAN A LOS PADRES A LA BUENA CRIANZA DE LOS HIJOS, AHORA NEGANDO A LOS VERDADEROS PADRES, ESTAMOS MALCRIANDO A LOS NIETOS. ELLOS SACRIFICABAN A LOS INFANTES, AHORA LOS INFANTES NOS SACRIFICAN A NOSOTROS. ESTO SUENA MUY CRUEL TANTO EN EL PASADO COMO EN EL PRESENTE, PERO ASÍ ES.

# LA VIDA

Esta plagada de principios y finales, y siempre un final es otro principio hasta que llega el final, final que es la muerte.

La cima de la vida es según nosotros la riqueza material, el éxito profesional, es deslumbrar a la sociedad. Y de acuerdo a esto hay muchos que están en la cima, les llamamos; millonarios y generalmente ni esfuerzo hicieron, pues su fortuna la heredaron, no conocen el verdadero sabor de la victoria, que es luchar, trabajar por algo, pues lo han heredado, es herencia de cuna, de lo que ya otros trabajaron. Otros debido a su arduo trabajo decente y honrado y después de mucho esfuerzo también han llegado y tienen en su boca el sabor de la victoria pues se la han ganado. Otros también están en la cima, llegando a ella por escabrosos atajos, para ellos; tampoco es victoria pues la han robado y no la pueden disfrutar pues aunque nadie lo sepa, ellos saben que actuaron mal para poder llegar. Después de esto; nos damos cuenta que es muy malo envidiar, los bienes de los demás, si ni siquiera sabemos lo que han hecho para estar en la cima.

La cima de la vida debería ser la comunión con lo bueno, con lo divino, seria rehacernos, reconstruir nuestra casa interior, anulando todo lo malo. Pero de esta manera a nadie nos apetece significa renuncia, cuando nuestro único fin, es atesorar riquezas materiales, significa compromiso el hacer algo porque se debe hacer, porque es lo correcto, para bien de todos; nos guste o no, cuando vamos actuando por la vida, haciendo las cosas solo porque nos gusta o dejándolas de hacer por que no nos gusta.

La vida es nuestra amiga, pero muchas veces, debido a la Ley de causa y efecto, se convierte en nuestra enemiga; la soberbia hace, que la veamos así y nos empieza a golpear, a quitar, y soberbiamente, sin hablar, la soberbia adormeció nuestra conciencia y actuamos por nuestro sentir pero los sentimientos están heridos también, así que nuestro actuar se empobrece y llenos de rabia decimos ¡Ha si! ¡Pues, eso que me quitaste, yo lo he de conseguir, a como de lugar! Y empezamos a boxear con la vida, recordemos que cuando alguien nos cae a golpes lo mejor es ¡Abrazarlo! Muy fuerte, hasta que pare. Hagamos lo mismo con la vida. Cuando sintamos que lo hemos perdido todo, lo mejor es rendirnos a la vida ¡abrazándola! dejemos de pelear con ella, que el enojo que nos embrutece se convierta en sufrimiento que ennoblece, que la negación se convierta en aceptación y con convicción decir todo lo que recibo es lo que merezco, pero tu eres sabia, levantaras mi castigo y me darás mi premio solo así, dejara de golpearnos y esto es como magia, poco a poco veremos que sin buscarlo todo vuelve a su lugar, todo vuelve a tener sentido y la vida vuelve a acariciarnos.

La vida es como un tiro al blanco y nosotros somos el dardo, el objetivo; es que el dardo encaje directamente en el centro. El blanco es EL DÍA DE HOY NUESTRO PRESENTE, abrasémonos a el, si el dardo cae antes, es el pasado; nuestro torturador, por que la mente humana se inclina mas a recordar lo malo y olvidar lo bueno y si el dardo cae adelante, ese es el futuro; es el que promete y promete y ¡NADA!. Demos en el blanco y vivamos el presente aquí y ahora en mente cuerpo y espíritu. El sentido de la vida esta siempre en el presente, que es el centro de nuestra existencia, dejemos de buscarlo atrás, dejemos de aferrarnos al pasado, dejemos de buscarlo en el futuro, ni siquiera sabemos si Dios nos prestara vida para llegar a el.

La vida es como la Montaña Rusa a veces estamos arriba, divirtiéndonos; viendo a todos allá abajo, a veces estamos abajo, si somos agradecidos, diremos; por lo menos ya vi, como se ve la vida desde allá arriba.

La vida es como un largo camino donde encontramos árboles que nos dan su sombra, cubriéndonos de las quemaduras del sol, es la gente buena ¡aún la hay! Que desinteresadamente te ayudan, aun sin conocerte, sabiendo que no volverán a verte; Sin embargo, hacen justicia y están dispuestos a protegerte, brindándote la ayuda que ese momento de mala suerte amerite. Dios bendiga a esa gente. Tal vez encontremos un lugar hermoso que nos permita descansar para proseguir nuestro largo viaje y un hermoso manantial para calmar la sed, también se nos meten piedrecillas en los zapatos que nos evitan caminar bien (los malos sentimientos), a veces se salen solas, a veces es necesario hacer un alto y sacarlas, a veces la vida nos tumba en el lodo, a veces hasta nos revuelca en el, de nosotros dependen levantarnos y proseguir. Debemos de confiar en que tarde o temprano nos limpiara de todo ese lodo con una lluvia refrescante.

La vida no es una fruta, no estemos neciamente tratando de exprimirla, por mas que le busquemos 48 horas no las encontraremos, solo tiene 24, 24 oportunidades diarias, para hacer el bien, tratamos de domarla con innumerables planes, con prisas, con la obsesión de querer estar en todos lados, que al fin la vida nos vence, pues ella es el todo del cual nosotros somos parte, ella es el océano y nosotros una gotita para formarlo, dejemos de ser gotitas locas, en nuestro descabellado plan de dominar al océano, seamos lo que somos, solo gotitas y concretémonos a seguir su cause.

Cuando somos Jóvenes nos sentimos el océano, nos sentimos domadores, pero cuando llegamos a viejos reconocemos que solo somos gotitas y nosotros fuimos los domados.

Hoy en día vivimos la vida obsesionados en competir, debido al materialismo que el consumismo nos ha inducido a vivir, volviéndonos ambiciosos. Nos hemos enfocado hacia fuera, por eso hemos perdido el sentido de la vida, eso nos tiene debilitados espiritualmente y también hemos perdido la capacidad de observar las cosas mas sencillas y que ni siquiera tenemos que comprar, estamos viviendo como niños, pero como niños malcriados, caprichosos queriendo y exigiendo todo y de inmediato, al instante, de lo contrario hacemos berrinche, explotamos y nos estamos tomando unos a otros como cestos de basura sicológica y los demás se convierten en los receptores de nuestras frustraciones. Rompemos las reglas únicamente para sentirnos inteligentes, por sentir la adrenalina del peligro, inconcientemente; pues no solo nos lastimamos nosotros, sino vamos por ahí dañando a los demás.

Con esa manía infantil de querer que nos hagan todo, que otros hagan; lo que nosotros debemos de hacer. De ahí el éxito de muchos negocios y el fracaso de muchas familias. Cuantas veces hemos oído "No es problema para mi este accidente, mi carro esta asegurado" reduciendo la vida humana a unos cuantos millones de pesos, cuando el accidente se puede evitar conduciendo concientemente "Yo no me preocupo por la universidad de mi hijo ya compre un seguro", cuando ni siquiera sabemos si Dios le permitirá vivir a nuestro hijo unos segundos mas, seria mas fácil ahorrar ininterrumpidamente y solucionar el problema cuando se presente. "Con este crédito, termine pagando lo triple" cuando es más fácil ahorrar constantemente, no lo hacemos, es simple; me prestaron 3 y termine pagando 9, si hubiera ahorrado tendría 9 y no existiera la necesidad del crédito, "Me hice la lipo" cuando es mas fácil hacer ejercicio y moderar las grasas, "No he hecho ejercicio, no he tenido tiempo de ir al Gym" porque forzosamente necesitamos de un grupo para realizar algo, no hay necesidad de gym. El ejercicio lo puedes hacer en casa. La repuesta es simple no tenemos fuerza de voluntad, como el niño, hace berrinche si no puede armar un juguete y termina aventando el objeto, diciendo ¡no puedo! Reencontremos el sentido de la vida enfocándonos en nuestro interior, redireccionándonos a nuestra propia naturaleza, ahí están todos los recursos que necesitamos.

al habernos olvidado que nuestro verdadero yo, esta adentro de nosotros mismos, nos hemos clonado tan bien; que con el paso del tiempo, ni nosotros mismos sabemos cual es nuestro yo original y cual la falsificación ¡identifiquémoslo!, nuestro verdadero yo es nuestro ser interno, la esencia de nuestro espíritu y nuestra alma, la falsificación es nuestro ser externo superficial contaminado por los enemigos internos y externos, la mezcla de todo esto, es nuestro clon, nuestro otro yo; externo, sin sentido, el opresor de nuestro verdadero yo.

La vida propia y la del otro no tienen precio y cuantas veces la hemos cortado por DINERO ya sea para conservar el que tenemos o para conseguirlo.

La vida es una fiesta, con un aire cargado de energías negativas y positivas, con una gran mesa llena de alimentos que requirieron de muchos ingredientes para ser preparados, algunos muy condimentados. Para recibir a los comensales, que somos nosotros, solo que los alimentos en cuestión son ALIMENTOS ESPIRITUALES que encontramos en esta gran mesa y nutren nuestros pensamientos, sentimientos y acciones, buenos y malos porque todo esta ahí, de nosotros dependerá con que nos alimentamos.

El alimento básico es la SOBERBIA rico en agentes dañinos para nuestro ser interior, provoca Cáncer en el Corazón, mas adelante se hablara sobre todas sus consecuencias, pero es nuestro pan de cada día, a pesar de que contiene tres ingredientes completamente dañinos, el ORGULLO desmedido, impulsivo y sin fundamento que nos provoca diarrea mental, el NARCICISMO tan contradictorio; queriéndonos tanto a nosotros mismos y al mismo tiempo despreciando a los demás y la COLERA volviéndonos tan irascibles que nos provoca gases emocionales.

He visto como la ENVIDIA que siempre va servida con ese condimentos tan fuerte que nos produce eructos sicológicos que es la COMPETENCIA competimos por envidia, queremos tanto lo que otro tiene que hasta dejamos de ver el valor de lo que nosotros ya poseemos, pero la competencia es obsesión; por querer ser mas, y no querer ser menos y como para competir necesitamos un contrincante, ahí nace otra obsesión, el enfocarnos en los demás; que tienen, que hacen, y tristemente hemos perdido de vista el objetivo principal; nosotros mismos, hemos dejado de vivir por estar observando como viven los demás y eso despierta nuestros mas bajos DESEOS y estamos deseando y deseando lo que tienen los demás, que no agradecemos lo que es nuestro, y nuestras posesiones; sean muchas o pocas son las más hermosas, por la simple razón de que ¡ES MIO! Como nos enorgullece decirlo ¿No?. Pero mientras no entendamos esto seguiremos viviendo en el CONSUMISMO nos tiene sumidos en el snobismo, pensando ¡Ho! Ese ya tiene su tablet debo apresurarme a comprar la mía. Y así comenzamos a comprar y comprar y comprar hasta llenarnos pero de PRISA y de ANSIEDAD y como consecuencia de lo anterior nos atrapa el MATERIALISMO que divide familias, rompe relaciones amorosas o amistades y cuando nos sobre alimentamos de este; nos lleva a la CORRUPCION gemela del SOBORNO y empieza con la "MORDIDA" pero solo conseguimos la esclavitud para el que utilizamos y para nosotros mismos y aparece el MIEDO que es el padre de la Superstición y nos cargamos en el bolsillo el amuleto placebo de la fe, con su ingrediente principal la AVARICIA que ha paralizado ha muchos para actuar, para reaccionar ante la vida.

La COBARDÍA, ya sea propia o ajena que muchas veces nos hace huir exponiéndonos al peligro, al cansancio, a las humillaciones, a la soledad, a la tristeza, uno de sus ingredientes es el ABUSO, que es el abuso que hay en todos los espacios de nuestra vida, el hermano chico abusa del grande, el hombre de la mujer, el rico del pobre, el jefe del empleado, el patrón de su sirviente, el que trae el carro mas grande del conductor del bocho.

Cuando practicamos la COBARIA nos olvidamos de que "el cobarde vive, hasta que el valiente quiere".

La INGRATITUD cuando la practicamos se nos ha olvidado por completo el AGRADECIMIENTO obsesionados por lo que según nosotros nos falta ya ni siquiera vemos lo que realmente tenemos y aunque lleguemos a conseguir lo que según nos falta, después desearemos algo mas y nos faltara algo mas y viviremos eternamente deseando algo y siempre faltándonos algo, el MALAGRADECIDO se condena a vivir en la miseria, en la escasez y piensa que es de todos la obligación de estar a su servicio, de hacer su trabajo, de sustentarlo, de aguantarlo "porque así es el". la VIOLENCIA muy condimentada por la VENGANZA que nos lleva desde algo muy simple como lo es; privar a alguien de lo que más sepas tu le agrade, si depende económicamente de ti, dejar de darle, hasta de asesinar, simplemente porque no te agrade, la CRITICA se ha vuelto una moda el juzgar a la ligera.

criticar todo y a todos hay que recordar que todos somos nuestro propios verdugos y que "En el Pecado, se lleva la Penitencia" ni siquiera hables de las malas actitudes de otros, llena el espacio en tu vida con cosas mas importante, ya no te angusties al criticar, sea cual sea la mala acción ten la certeza que pagara.

El CONFORMISMO es increíble como aceptamos dejar de crecer en todos los sentidos, escuchamos frecuentemente "Para que, así estoy bien" "Déjalo, que me pegue, es mi marido" diciendo a todo lo nuevo ¡no! "Toda mi vida, ha sido así", la verdad que hoy en día tomamos el conformismo como la mejor manera de evadir nuestras propias responsabilidades, cuando llegamos al conformismo nos hemos saturado de pensamientos y sentimientos negativos, nos quejamos de todo, pero no hacemos nada para modificar nuestras circunstancias, a todo le encontramos pero, no arriesgamos nada para cambiar, amamos la comodidad de la miseria en la que estamos hundidos. el DESAMOR una cadena injusta, afectas a otro porque alguien mas te afecto a ti y ese al que tu afectaste afectara a otro mas por que tu le hiciste daño, esto nos lleva a la NECEDAD nos empecinamos en odiar.

El DESAMOR es como el mole, con muchos ingredientes y condimentos, siempre se sirve acompañado de la VANIDAD muy dañina por eso escuchamos a diario ¡No puede hacerme esto, a mi!, eso inflama el ego y un ego inflamado lleva al PERFECCIONISMO y el perfeccionismo nos regresa al ODIO a la autodestrucción y esta nos lleva a las ADICCIONES han nacido del mal uso que le damos a todo, el VINO es gregario, para celebrar, para felicitar, para estar feliz. Pero lo tomamos en exceso y la celebración se vuelve una catástrofe, la felicitación un insulto y la felicidad nuestra mayor desgracia, las DROGAS son para curar enfermedades, pero el mal uso de ellas lejos de curarlas las ha creado, el VENENO como dicen "En nombre de Dios, ni el veneno hace daño" la ciencia lo extrae de plantas, de animales y en pequeñas dosis logran la cura para algo, pero hacemos mal uso de todo. Aunque todos los días escuchamos decir a la nana del siglo la Televisión "Nada con exceso, todo con medida" el EGOISMO nos vuelve ciegos, sordos y mudos, empezamos a jugar al YO-YO y nos volvemos uña y carne de la CONVENIENCIA y vamos por ahí haciéndole daño físico o sicológico a todo con el que tratamos, si el ofendido no se defiende todo esta bien, ni siquiera tenemos conciencia que humillamos, insultamos, golpeamos y no necesariamente físicamente, pero si el ofendido reacciona al insulto, entonces los ofendidos resultamos nosotros, siempre queriendo hacer daño, pero no aceptamos que nos lo hagan, sin darnos cuenta que no nos hicieron nada, solo fue su respuesta a nuestro insulto.

Pero somos convenencieros, solo si nos conviene, comprendemos, solo para hacer lo que queremos, aunque no este bien, es cuando decimos "Que me importan los demás" cuando la verdad es que ese es nuestro mayor problema los demás, siempre luciéndonos.

La MANIPULACION con su ingrediente principal el CHANTAJE es cuando "Muy bajita la mano" despertamos en otros la culpa, la falta de gratitud, la lastima, el miedo, solo buscando nuestro beneficio personal que generalmente es un capricho. La loca manía que tenemos de llevar siempre la contraria nos lleva a la AUTODESTRUCCION que nos provoca HISTERIA, ANSIEDAD, ESQUIZOFRENIA, se fortalecen por nuestro mal habito de enfocarnos en lo que nos falta, nunca en lo que ya tenemos y sea poco o mucho ¡Agradecerlo! Nos hemos sodomizado yendo contra la propia naturaleza, pisoteando la dignidad humana, contaminando nuestro ser con aberraciones, debemos de liberarnos pues nos estamos condenando en vida y nos hace vivir la vida como niños temerosos con la convicción de que hicimos algo mal; pensando "Ahora que llegue mi papa me va a pegar". Hay un infinito de energías negativas pero como todo es antagónico en la misma mesa encontramos las energías positivas.

Comencemos a comer más ligero tomemos ese platón que es el **VALOR** y alimentémonos solo de **AMOR Y JUSTICIA** y ya que es un platillo muy extenso, nos traerá de inmediato la fortaleza para actuar con **HUMILDAD** para aceptar nuestras virtudes pero también todos nuestros defectos, nuestros errores y nuestros aciertos, reconocer nuestros malos sentimientos, pensamientos y acciones y arrepentirnos por ellos, **TOLERAR** al que te humilla, **PERDONAR** y si puedes **COMPRENDER**. La **CONFIANZA** de saber que no dañamos a nadie y nos olvidaremos de ese dicho "Como es el León piensa que todos son de su condición" el **RESPETO**, lo hemos dejado de utilizar por completo, ya no nos respetamos ni a nosotros mismos mucho menos a los demás, tanto es así; que por eso nuestro gobierno creo eso de "Derechos humanos" hagamos lo mismo formemos un grupo de defensa interior similar que serán los "Derechos Espirituales" con la verdadera PAZ, el PERDÓN, la TOLERANCIA, la EMPATIA, el CRECIMIENTO, la HUMILDAD.

El **AGRADECIMIENTO** te ayuda a apreciar lo que otros hacen por ti, no importa si lo pediste o no ¡SE TE DIO! Te ayuda a ver lo mucho que tienes y agradecerlo y entonces ya nada te falta, eso si es abundancia, la construcción positiva de nuestro ser en todos los sentidos físico, mental y espiritualmente.

Evitemos que se nos oxide el espíritu alimentándonos de esa hermosa fruta roja que es el CORAZON el antioxidante de nuestro ser interior. Y recordemos "Eres lo que comes" y si ya caímos en la obesidad espiritual, es urgente que nos pongamos a dieta; comencemos hoy la dieta de la conciencia abierta y alerta y nuestro ser lucirá una hermosa silueta. Esto nos evitara cometer locuras, que arruinan nuestra propia vida y la de los que nos rodean.

Solo así seremos mejores seres humanos, como individuos, luego como parte de un grupo primario que es nuestra familia y ese grupo será mejor a su vez, y ese grupo hará que nuestra sociedad sea mejor y esa mejoría se originara en casa, y luego en nuestro vecindario, y luego en nuestra empresa, y luego en nuestra ciudad, y luego en nuestro país y luego en nuestro mundo.

Entendamos que de lo que nos alimentamos es lo que somos y de ese mismo alimento, alimentamos a nuestros hijos, familiares, amigos, sociedad, a nuestro mundo.

Y lo que somos es lo que engrandece nuestra vida y la de los demás.

# EL DINERO

Es más embriagador que el mismo vino, también nos lleva a hacer locuras, por el clasificamos y etiquetamos a las personas, humillamos, robamos, traicionamos, mentimos, prostituimos, asesinamos.

El dinero hoy en día es el que define la importancia que tenemos, si tenemos dinero somos personas importantes, te llaman con voz solemne "señor" ¡El Señor, esta en los cielos!. Si no tenemos dinero somos personas sin valor para los demás, con esto nos hemos devaluado a una operación matemática nada mas. Hay seres humanos que tenemos la cantidad humana llamada dinero pero no la calidad humana llamada bondad, tenemos un espíritu pobre, tenemos una gran casa de campo, pero nuestra casa interior esta en ruinas, pero no lo vemos, porque somos superficiales. El verdadero valor del ser humano nada tiene que ver con dinero.

El dinero nos lleva a competir incansablemente todos queriendo demostrar quien tiene mas "dinero" porque es obvio que espiritualmente estamos en banca rota todos. Solo Dios sabe si llegue un día en que empecemos a competir demostrando quien tiene más espíritu, no mas dinero. Ese día seremos todos ricos, pues la verdadera riqueza es la espiritual, mientras tanto seguiremos todos pobres unos con dinero otros sin el pero todos somos mendigos ante la vida.

El dinero es como el sol, requema; requema el alma, la inteligencia, quema las manos, porque no paramos hasta gastarlo. es mas cegador que el propio sol tanto, que no podemos ver, cuando son autenticas; la humildad, la bondad y el amor; por eso el dicho tan famoso "Dios no le da alas al animal ponzoñoso"

Cuantas veces hemos visto el cambio tan radical que sufrimos las personas cuando tenemos una buena racha económica, y es cuando decimos, "Se le subió".

Antes era una persona, tan sencilla, tan comprensiva, tan humilde y ahora es tan altanera, déspota y pone todo en tela de juicio. el dinero nos hace sentir con derecho a utilizar, humillar, juzgar, nos hace sentir importantes, invencibles, pero recordemos "No todo lo que brilla es oro". La vida es como la montaña rusa a veces estamos arriba y a veces abajo. "Hay veces que nada el pato y hay veces que ni agua bebe" y muchas veces cuando menos pensamos estamos sin un peso, y Dios nos da la cachetada con guante blanco pues el que tiene menos que nosotros el que menos pensamos es el que nos hecha la mano.

El dinero nos hace ser falsos cuando tenemos alguna necesidad, y juramos y perjuramos cuando vamos en busca de ayuda con quien mitigara de alguna forma esa necesidad, y ya satisfecha nos volvemos en contra del mismo que nos ayudo a mitigarla. No le decimos gracias, no pagamos, y encima de todo hasta enemigos quedamos.

Dicen que la necesidad es la madre de los inventos pero a través del dinero vemos que es madre de los descubrimientos, cuando descubrimos que habemos personas que para pedir ayuda siendo lobos nos disfrazamos de corderos y somos amos de la falsedad y todo por dinero hasta fingimos humildad, humildad que no tenemos. La autentica humildad esta impregnada de gratitud de modo que nunca olvidaremos, el bien que alguien nos hizo y cuando la vida nos de la oportunidad de devolver aunque sea un poco del favor recibido lo haremos gustosos.

Muchos somos bondadosos solo con quien queremos y cuando nos sobra, cuando nos falta incluso escupimos a la cara de quien hemos ayudado, lo mucho que le hemos dado. La autentica bondad es dar aun de lo poco que tienes y no solo a quien amas si no a todo el que lo necesite y sin esperar nada a cambio.

Solo podremos decir que una persona es humilde y bondadosa cuando la veamos actuar del mismo modo con todos y no solo con los que ama con dinero o sin el.

Y todo lo anterior es cuestión de honestidad y como dicen "Lo más claro, es lo más decente" hay que decirnos a nosotros mismos, si voy a dar es porque quiero hacerlo, porque puedo hacerlo, y no espero nada a cambio, y en caso contrario decir, bueno la verdad es que se que me voy a arrepentir después, es mejor decir no puedo.

Saber exactamente si estamos dando ayuda o si estamos ayudándonos, pues muchos damos solo por el afán de sobresalir, de sentirnos más que los demás, buscando poder, buscando mandar, cuando la verdad nos vale un comino el problema que estemos resolviendo y cualquiera que sea nunca será mayor que el que tenemos dentro de nosotros cuando actuamos así. Y entonces viene el reproche a quien ayudamos por que al final nos duele el codo por haberlo hecho. Pues no ayudamos desinteresadamente.

El dinero al igual que el amor no se puede ocultar, pero también es como la ira tarde o temprano te hará explotar, la seguridad que te da, tu lado malo te hará enseñar, si te dejas deslumbrar te cegara. Además despierta la envidia, sobre todo cuando estamos en una verdadera necesidad y vemos que hay personas que obtienen todo y mas de lo que necesitan y las envidiamos, y solo ellas y Dios saben si consiguieron sus posesiones por su inteligencia y honestidad, por sus influencias, por su astucia o poniéndole trampas a alguien mas, con injusticias y delitos o siendo mantenidos de la sociedad, pero ahí estamos de envidiosos. Y pobre del que envidiamos si descubrimos como consiguió lo que le envidiamos y entonces hasta nos mofamos, divulgamos su vida y siempre le echamos de nuestro costal, calumniamos y el conseguir que otros le desprecien es como trofeo en mano de nuestra cobardía pero eso queda en el anonimato.

La persona envidiosa y además calumniadora es como llama ardiendo que nunca se apaga y quema todo a su paso. Pero la sinceridad y honestidad son como una bofetada contra ellos pues va contra sus fechorías.

## DINERO FACIL VIDA DIFICIL

Lo más común es escuchar "La vida difícil, de una chica fácil" pero la verdad de hoy en día, es que no solo las mujeres hacen dinero fácil, todos estamos en lo mismo. El prestador de servicios en general vendiendo siempre "Gato por Liebre" cobrando material usado como nuevo "Pa que nos quede más", el Jefe de alto rango dando una firma cediendo el acceso al que va a robar, el que tiene poder en la Ley que se deja sobornar y los ojos verdes del que lo va a comprar ya no lo dejan pensar. El que despierta lastima en los demás y así se la vive sin trabajar. El que amenaza a los demás tomando los frutos del trabajo de los demás, Todos los que de alguna manera somos parásitos de la humanidad.

Todos buscando los "Ingresos extras" que a fin de cuentas son Dinero fácil que hace nuestra vida difícil.

Caemos en esto al principio debido a una crisis económica, falta de oportunidades, soberbia, ambición, baja autoestima, desilusión, escape, masoquismo, cada uno tiene su razón. Por lo que comentamos anteriormente, queremos todo de inmediato, ahora, nos atrapa la angustia y la desesperación, nos hacen sus esclavos y ya no podemos ver si hay otra opción, nuestro espíritu se ennegrece y por elección propia elegimos desaparecer en la obscuridad y comenzamos a caminar entre el lodo, si nos aferramos a nuestra esencia y no perdemos la conciencia, nuestra alarmita se encenderá pero lo queramos o no en ese largo y penoso camino maduraremos pues somos diamantes en bruto y el dolor nos pulirá y si dejamos a Dios actuar el nos levantara.

Si regresamos a la obscuridad ya sin necesidad, eso si es mezquindad, pero no perdamos la fe ni la esperanza, pues todo puede cambiar, cuando realmente lo queremos cambiar, la gente no nos deja explicar pero aun en la obscuridad Dios nos ama y siempre esta dispuesto a dialogar.

Mientras no decidamos que nuestro bien estar, ningún dinero lo puede comprar, seguiremos en esa eterna realidad, "Dinero mal habido, dinero mal gastado" viviendo a la defensiva, temerosos hasta de nuestra propia sombra, viviendo una eterna pesadilla dormidos o despiertos. Y aquí es donde vemos que nosotros no malgastamos el dinero, sino que el dinero nos malgasta a nosotros.

Y a todos los que estemos aquí solo nos queda esperar que Dios deje nuestra cuenta en ceros, y nos muestre lo que es esencial y si logramos verlo nuestro espíritu se enaltecerá, la chequera desaparecerá pero nos volverá el alma al cuerpo y nos protegerá del frío de la obscuridad.

# LA RELIGION

La cantidad de dinero que tenemos en la mano es la que determina nuestra necesidad de ser religiosos o no, si nos la estamos pasando bien, ni quien se acuerde de Dios. Pero en cuanto nuestra suerte cambia y empezamos a sentir la crisis económica. Inmediatamente nos acordamos que hay un Dios y vamos corriendo a pedirle. Eso no es religión, eso es interés, conveniencia. No importa cual sea la religión que tengamos. según esta el mundo, no están funcionando y no es culpa de la religión sino de la debilidad del seguidor.

La Iglesia es "casa de alegría" punto para agradecer lo mucho que tenemos en la vida, sin embargo la usamos como Casa de la Tristeza y apatía, Es el punto para ir a enlistar lo mucho que según nosotros nos falta en la vida. Por eso quien no acostumbra visitarla, es quien la visita solo cuando esta en problemas y lloramos y pedimos, rogamos ¡Y se nos da! Y ya ni las gracias damos. Peor aún frecuentemente escuchamos "No se como le hice, pero Salí adelante" ¡QUE! Se nos olvida eso que se nos dio, fuimos a llorar y rogar para que así fuera, se nos olvida que nosotros no hicimos nada mas que tener fe al pedir y esperar a que se nos diera y lejos de agradecer, decimos que lo logramos por nosotros mismos y esto lo hacemos una y otra y otra vez, y ahí empieza la Injusticia, Debemos orar por agradecimiento y no solo por el interés de recibir algo. Practiquemos el hábito de agradecer e inevitablemente seremos justos también.

Y hablando de justicia y religión hay personas que critican acaloradamente a la institución de la iglesia, aquí se aplica perfectamente "Pagan justos por pecadores" y por sacerdotes que han sido tentados por el enemigo malo y cedieron cometiendo algún crimen, la gente juzga a todos los que conforman la institución. Recordemos los sacerdotes son mortales igual que nosotros, Así que la Iglesia esta formada por Mortales no por Dioses. Y las malas semillas las encontramos en todos los ámbitos, en todos los grupos ya sean Religiosos, Políticos, de Gobierno o Magisterio, de cualquier índole; encontraremos corrupción, fraude, crímenes, pero por alguna razón no las criticamos tan acaloradamente como sucede con la iglesia, al contrario; siempre estamos buscando la "Palanca" que este dentro de esos otros grupos para que "Nos ayude". Pero la necedad nos lleva a ensañarnos con la Iglesia y por uno la pagan todos, muchas veces hemos escuchado a más de una persona decir "Yo ya no voy a misa, deje de creer en la Iglesia por los sacerdotes que han violado, que han tenido relación sexual y hay algunos que se atreven a asegurar que hasta hay cierto tipo de prostitución entre monjas y sacerdotes. Y van por ahí escudándose con este resentimiento. Cuando lo más honesto es "No quiero ir a la iglesia, porque simplemente no quiero" sin caer en la bajeza de la calumnia. Y sea cierto o no, a todos; el único que nos debe de juzgar es Dios, y el Karma y nuestra conciencia nos cobra la factura en vida.

Además si vamos a regir nuestra vida por lo mucho o poco que nos han decepcionado otros no daríamos un solo paso, pues siempre nos sentiremos decepcionados por algo o alguien y no porque verdaderamente lo haya hecho sino por nuestras altas expectativas, esperando demasiado de todo. Mejor preguntémonos ¿yo voy caminando por la vida dando todo a todos?

Y aquí hacemos gala de la necedad  y tomamos el tema como si estuviéramos hablando de Partidos Políticos, todos queriendo tener la razón asegurando que el suyo es el mejor. Pero la verdad es que lo mejor es dejar a cada uno con su idea errónea o no porque no podemos hablarle de Fe, a quien no la conoce por lo tanto no la siente, pero ya Dios se encargara de buscar el momento adecuado para entrar en ellos. Y los que ya tienen desarrollada su Fe en la vida solo les queda sentirla y disfrutarla para ellos mismos, porque también es necedad querer constantemente que los demás la sientan, imponerse ante ellos para que Oren. Descuidando por completo el punto, de que lo más hermoso de una oración es hacerla de corazón y con un espíritu elevado y aun los más religiosos tienen su momento muy individual. He visto como la gente que neciamente desea lograr que un grupo de personas rece, sienta agradecimiento y devoción por los seres divinos. Termina siendo la burla de todos y empiezan a verla como una peste. Y esos que se burlan son los peores porque ni siquiera tienen la conciencia de que les falta realizar ese trabajo espiritual para ser mejores, Hijos, mejores Hermanos, mejores Padres, mejores seres humanos, pues así como el ser seres racionales nos distingue de lo animales el ser seres espirituales también lo hará.

La religión de todos debería ser **AMAR AL PROJIMO COMO A TI MISMO** y llevarlo a la práctica y ahí se acabaría el abuso y el mal actuar. Contra uno mismo y con los demás.

# LOS ENEMIGOS DEL SIGLO

## ENEMIGOS INTERNOS

La MENTE debemos de reconocerla como nuestro peor enemigo, saturada de información muchas veces innecesaria, plagada de malos pensamientos que nos llevan a actuar mal, a sentirnos mal y esta dentro de nosotros mismos, hay que enseñarle el tiempo presente, ¡No lo conoce! Y siempre nos lleva al pasado o al futuro, nos separa del momento, del aquí y ahora, si nos aferramos al pasado vivimos añorando lo que ya no tenemos y no vemos lo que tenemos ahora justo frente a los ojos y si nos enfocamos en el futuro nos volvemos maniáticos siempre haciendo planes para "mas adelante" y entonces nos volvemos "Pozos sin fondo" quiero hacer esto, y lo haces e inmediatamente dices ahora quiero hacer esto y tenemos mas y queremos mas, Y eso nos lleva a lo que llamamos STRESS llenándonos de HISTERIA, ANSIEDAD, PRISA, NERVIOSISMOS, CULPA, de ahí a la ESQUIZOFRENIA, PARANOIA. Hay que enseñarle quien manda y obligarla a permanecer en el presente, cuando lo logremos viviremos totalmente satisfechos, tranquilos. Muchas veces nos juzgamos tan duramente cuando somos perfeccionistas, la INTOLERANCIA nos lleva a hacer lo mismo con los demás, el PERDÓN lo hemos olvidado por completo. Hagamos uso de el y comencemos por perdonarnos a nosotros mismos **NO IMPORTA LO QUE HICIMOS, IMPORTA LO QUE ESTAMOS HACIENDO HOY EN ESTE MOMENTO Y EL FUTURO, SI**

## DIOS QUIERE LO VIVIREMOS NO DEJEMOS QUE NOS AGOBIE AHORA.

. Y en cuanto a los demás, perdonemos también; a fin de cuentas, el que hace daño, sufre más, que al que daño. Pues mientras no rectifique y se perdone vivirá perseguido por las sombras de sus MALAS ACCIONES, su sueño será intranquilo y el no dormir le dará una vida llena de irritabilidad y aunque tenga todo económicamente no lo disfrutara plenamente, pues nada se puede disfrutar en las sombras de la maldad. Te daño y se fue y gracias a Dios, tu quedas libre de el, tu único trabajo es superar el daño con el perdón y seguir una vida feliz, pero el, el no podrá escapar de si mismo y su maldad.

Los MALOS PENSAMIENTOS padres de las MALOS SENTIMIENTOS, desequilibran nuestro SER y vivimos en confusión, por eso nos encontramos a nosotros mismos pensando algo, totalmente opuesto a lo que sentimos y haciendo otra cosa totalmente opuesta a lo que pensamos y sentimos.

Hay que observarnos a cada momento, que estemos siendo y haciendo exactamente lo mismo que pensamos y sentimos y que hagamos todo con "Mente, cuerpo y espíritu", no dejemos que nos impregnen los malos pensamientos y sentimientos y nos hagan ser de la misma forma y aun cuando nos dejemos impregnar, recordemos que siempre podremos revestirnos con los buenos, solo hay que dejarlos actuar y anularan a los malos. Diciéndolo de otra manera quítale poder a la mente, dale mas poder al corazón y libera a tu ser interior. PIENSA MENOS, SIENTE MÁS, HABLA MENOS Y ACTUA MÁS. Con la conciencia muy abierta para que puedas hacer que tu mente se enfoque en lo que estas viendo, haciendo, sintiendo, diciendo.

# ENEMIGOS EXTERNOS

## La TECNOLOGIA

Los enemigos externos también nos contaminan como la TELEVISIÓN la nana de hoy en día, los VIDEO JUEGOS, una nana más y no solo entretiene y atrofia a los niños, también a los adultos, el

INTERNET, Todos los peligros que en antaño estaban afuera ahora los hemos invitado a pasar a casa.

Han escuchado más de una vez que alguna adolescente fue plagiada por algún pederasta vía Internet, les ha llegado a su email algún mensaje de que su tarjeta de crédito fue bloqueada, cuando ni siquiera tienen una, algún hacker ha entrado en su computador con sus mas negros propósitos, precisamente cuando estaba escribiendo este libro, me llego un E Mail de una revista a la cual yo estaba registrada, informando que les habían robado su pagina, después que esa persona trabajo tantos años en ella y de pronto alguien le arrebata el fruto de su trabajo, así injustamente. Y humildemente considero que por más preparados que estemos todos nos sentimos abatidos ante una agresión, por eso; mi mensaje de consuelo para el, fue el siguiente:

Es una injusticia, pero alineémonos con Dios, que siempre trabaja para la acción justa y pensemos, en alas de la maldad ¡NADA! Se puede disfrutar y que tarde o temprano pagaran. Espero con ansias que pronto podamos seguir los que estábamos, sin intrusos, inconcientes parásitos de la humanidad. Tu labor es enorme, Dios te bendiga, pues tu eres el original, no importa cuantas copias haya, no brillaran igual.

Han sabido que algún adolescente se suicido por el bullyng que lo seguía a casa a través de esos muros Web y del que era victima.

Ha desvalorizado a los jóvenes y es un medio más para quien practica el famoso **bullyng ó Acoso Escolar,** ese lastimarse constantemente entre los jóvenes. Esta teniendo resultados mortales, pues muchos adolescentes se han suicidado por esto. Aquí hace gala el Desamor, seguramente; alguien los esta lastimando, de ahí su afán; por lastimar a alguien más, la Envidia y la falta de Respeto a ellos mismos y a su sociedad los lleva a esta lastimera acción. Les da un erróneo sentido de "Pertenecer" a un grupo y les ha anulado su Individualidad. Les esta privando de lo tradicional, esas hermosas reuniones diarias con los amigos, así persona a persona, darse la mano, un beso en la mejilla como saludo, una calida sonrisa, el disfrutar juntos la brisa de afuera, la luz del sol o las estrellas.

Pero ya ni de eso se dan cuenta algunos, los mas jóvenes, no tienen ya la menor idea de lo invaluable que es el contemplar un amanecer, un atardecer o un cielo estrellado. Desconocen que hay otra manera de "conectarse" pero con la naturaleza, con Dios, con ellos mismos, que son los primeros que importan, no los demás.

Pero ya no miran ni siquiera por la ventana, se han encerrado a piedra y lodo en la computadora y los ha llevado al sedentarismo, el permanecer tantas horas sentados, encerrados, los ha llenado de ansiedad, tienen mucha prisa para llegar a "Conectarse" para enterarse de los errores de los demás y checar que han dicho de ellos.

Todo esto esta dando como resultado jóvenes llenos de frialdad, de miedo, anulando el valor civil. Se hacen novios por medio de la fría computadora y por el mismo medio cortan. Y los sentimientos, el valor de relacionarse frente a frente, lo han apagado con un Click. Se han conectado muy bien a un mundo cibernético y se han desconectado del mundo real. Se han robotizado.

Si practicas el Bullyng debes de saber que estas siguiendo a un burlón, que es lo mismo que un asesino, pues los dos matan; uno espiritualmente, el otro físicamente y es como aplaudirle al mal, pero el que le aplaude al mal no debe de perder de vista, que el siguiente, puede ser el mismo. No podemos confiar en quien hace daño a otro, pues muy fácilmente te lo hará a ti también.

Si eres victima de Bullyng debes de saber que tienes dos opciones, la primera permitir que te hundan facilitándoles su vileza, creyendo todo lo que dicen de ti, son idioteces. Quien se deja hundir termina en suicidio, la segunda defender a capa y espada, con todo tu ser, tu integridad, quien lucha por no dejarse hundir, hace uso del valor, todos lo llevamos dentro. Cree más en el mismo y no es necesario, ni siquiera rebatir las idioteces, solo tienes que aferrarte a que no es verdad, darte cuenta de lo mucho que vales, ignorando lo que dicen, aquí cabe bien, lo que los Abuelitos dicen "A palabras necias, oídos sordos" Construye tu propia muralla, donde no puede penetrar el enemigo, elevando tu espíritu, confiando en Dios. Y cerrándole la puerta al enemigo, cerrando tus ojos y oídos si esta frente a ti, míralo muy fijamente y siente lastima por el, ese pobre ser, lleno de odio, alguien le ha lastimado mucho a el, por eso quiere hacer lo mismo contigo, no se lo permitas, se mas fuerte que el, y si esta en el muro Web, apaga el Internet. Si decides hacer frente y no permitir que toquen tu ser, harás gala de esta frase "Luchar ó morir". Pero no con más odio, sino con amor, mientras mas te odien, mas amate a ti mismo, eso es defender tu ser. Y a ellos perdónalos tarde o temprano han de perecer y tu de florecer.

Hay personajes que ahora son famosos, "Estrellas de Holywood" ¿Ves lo equivocados, que estaban, todo ese puñado, que practica el bullyng? Atacar a una estrella eso es idiotez.

El CONSUMISMO a todos nos ha llevado a una exhaustiva y permanente competencia, no la pasamos comprando, tanto, que se invirtieron los papeles y el consumismo nos ha comprado a nosotros volviéndonos tontos, caprichudos, soberbios, snobs, pues compramos por comprar aun sin necesitar. Nos ha llevado al MATERIALISMO que nos lleva a aceptar a los demás por lo que tienen, no por lo que son. Al pobre todos lo ignoran aunque tenga una gran calidad humana y al rico todos lo adoran aunque no sea más que una vasca. El materialismo nos lleva a vendernos por no vernos mortificados por el hambre, nos lleva a aceptar que otro pisotee nuestra dignidad con tal de "que nos de". Y cuando nos arrepentimos ya es demasiado tarde nos hemos destruido, hemos cedido nuestros derechos, hemos permitido que nos denigren, hemos perdido lo mas por lo menos, nuestra dignidad por alimento, o todos nuestros valores por lo material. La asociación de la riqueza con el dinero, nos olvidamos que también existe la riqueza espiritual, es muy difícil mantener el equilibrio entre la riqueza material y la riqueza espiritual pero el que lo logre será un autentico millonario.

Mientras logramos este equilibrio, que para nosotros es un malabarismo; por lo menos, en lo que se refiere a la economía, vivamos apegándonos a nuestras circunstancias y a nuestras posibilidades, amando y agradeciendo lo que tenemos nosotros en nuestras manos, nuestras posesiones y dejemos de desear las posesiones de los demás, la casa, el carro, la mujer. Lo que es tuyo ¡ES LO MAS HERMOSO! No importa si es bonito o no, es lo único que te hace exclamar con orgullo ¡ES MIO!

Pero desgraciadamente aquí nos clasificamos de la siguiente manera.

LOS QUE CONSIGUEN LO QUE NECESITAN HONESTAMENTE TRABAJANDO DECENTEMENTE.

LOSQUECONSIGUENLOQUENECESITANDELEGANDO TODAS SUS OBLIGACIONES EN LA FAMILIA VIVIENDO A COSTA DE LA CARIDAD FAMILIAR

LOS QUE CONSIGUEN LO QUE NECESITAN DESARROLLANDO ALGUNA ACTIVIDAD ANTISOCIAL

LOSQUEPREFIERENVAGABUNDEAR,SECONFORMAN CON LO QUE CONSIGUEN PERO NO CONOCEN LA PALABRA NECESIDAD.

Hoy en día si hubiera una balanza para pesar la riqueza monetaria contra la riqueza espiritual siempre pesaría mas la primera, en la mayoría de los casos. En este sentido siempre esta en una o en la otra, quien esta haciendo dinero se olvida del espíritu, y quien se la vive enalteciendo el espíritu, deja de atender las cosas materiales, por eso todos somos pobres, quien nos dijo que la riqueza esta peleada con la bondad y que en la pobreza hay divinidad, pero así lo asociamos. Según vamos a la vanguardia, actualizándonos científicamente, tecnológicamente, pero vivimos primitivamente, a la INMORALIDAD le llamamos estar "IN" ser "OPEN MIND" cayendo en la depravación, creando consecuencias que nos hunden en la maldad, corrompiendo nuestra alma, dejemos de agujerearla y haciendo el bien, comencemos a remendarla, obteniendo como beneficio el descanso al salvarla.

La JUSTICIA, Lo natural, lo aceptable, lo definimos siempre de acuerdo a nuestros propios propósitos, que se modifican constantemente; según nuestras circunstancias de vida al momento de juzgar.

Socialmente seguimos siendo sexistas y justificamos al hombre en todo y a la mujer no le perdonamos nada. Y escuchamos tonterías como "El muchacho se equivoco, engañando a su esposa con otra, pero es hombre" Y si observamos lo dice otro hombre y además ya viejo, eso nos deja ver que el cuando era joven hizo lo mismo, por eso, casi riendo dice, ¡ya! no es mayor problema, aquí no paso nada.

Si nunca hubiera cometido el mismo error, se hubiera escandalizado, por el acto, sin embargo, tiene un poco de conciencia, pensando para sus adentros, tengo que perdonar y defender ¡Yo hice lo mismo! Porque en este punto habemos otros peores, que criticamos acaloradamente e hipócritamente, lo mismo que nosotros también hicimos. La infidelidad en el hombre se justifica socialmente porque ¡Es hombre! Cuando no lo es, porque si lo fuera, tendría control sobre si mismo, el suficiente para respetarse a si mismo, a su esposa y a la otra y no jugar con los sentimientos de nadie. Pero ahí estamos como sociedad, casi aplaudiendo diciendo "Es hombre". Frecuentemente escuchamos "tiene otra" con un tono de ¡Bueno, así son los hombres! La sociedad justifica al hombre por ser hombre, si realmente lo fuera, protegería a su pareja, de esa pena moral, terrible, que surge cuando al otro no le importan tus sentimientos. La protegería de no contraer Sida o VPH solo porque ¡El, ES HOMBRE! Y como reaccionamos, cuando la infiel es la mujer con los peores calificativos. ¡PORQUE! Es exactamente lo mismo, sea mujer, sea hombre la infidelidad surge de la Soberbia, de la Inconciencia. Y estas dos no conocen de géneros.

Juzguemos con verdadera justicia y no por conveniencia. Y sobre todo, asegurémonos primero; que estamos juzgando un crimen que nosotros no hemos cometido y tener la seguridad de que no lo cometeremos nunca ni nosotros ni nadie de nuestra familia, ha muchos nos cachan criticando acaloradamente, lo que también nosotros ya hicimos o alguien de nuestra familia ya hizo. de ahí ¿No te mordiste el labio? y "No levante la caca, porque huele" pero eso nos pasa por ser necios e insistir, en ver en el ojo del otro la pelusa, cuando tenemos en el propio una viga. Pero lo realmente natural y aceptable es fijo e imparcial, si queremos ser jueces e igualarnos con Dios, entonces juzguemos honestamente, no por complicidad. En cuanto a Justicia también algunas veces nos hacemos los amnésicos, y se nos olvida agradecer, el mal que nos han hecho otros, nunca lo olvidamos, pero si nos hicieron bien ya ni lo recordamos, pronto se nos olvida. Olvidamos al que un día nos abrió la puerta de su casa y nos hospedo amablemente, olvidamos al que estuvo con nosotros cuando casi moríamos de hambre y cuando ya estamos nadando en la opulencia "Si te vi, ni me acuerdo", olvidamos al que nos trato como amigo en tiempo de angustia, olvidamos al que nos dio la mano para que nos levantáramos, lo tratamos como enemigo, nos levantamos en su contra y pagamos el bien que nos hicieron con nuestra peor maldad. El egoísmo no nos deja ver las penas de los demás, ser justos con los demás, nos hace "tirar la piedra y esconder la mano" y con una sonrisa falsa estrecharnos la mano.

Porque además aquí surge otra injusticia más, si alguien en tu familia logra honor, todos nos añadimos sintiendo que nosotros también hicimos algo.

Pero si por el contrario lo único que hizo en su vida fue antisocial, entonces escuchamos "Por desgracia, es mi primo" como si no tuviéramos también colita que nos pisen.

Debemos de usar y muy bien el sentido común para ser lo mas cercano a la justicia, cuantas injusticias vemos en la familia, y siempre hay un burrito que carga con todas las obligaciones, morales y económicas de los demás, siempre hay un burrito que nunca sale por si lo necesitan. Y decimos ¡Y QUE! El burrito sabrá, si el no dice nada, tu un metiche serás. Y el burrito no hablara es ciego, sordo y mudo como nuestro sentido común convenientemente para vivir exprimiendo a los demás.

La PRISA vivimos corriendo para alcanzar algo y cuando lo conseguimos ya esta en nuestra mente algo más y seguimos corriendo para alcanzarlo también. Y así se consume nuestra vida, en esta loca carrera, siempre aparentando ser. Siempre queriendo ser más, siempre enfocándonos hacia afuera.

Pues nuestro verdadero ser lo hemos encapsulado dentro de nosotros mismos, nuestra verdadera esencia ha sido sofocada por todos estos enemigos.

Siempre queriendo ser más que los demás, solo existimos; nos hemos olvidado de vivir. De vivir a plenitud.

El RECHAZO, que además es irreal, pues lo hacemos basándonos en nuestras propias expectativas. Si comenzáramos a caminar por la vida desinteresadamente, sin esperar nada de nadie, ni siquiera de nosotros mismos, pero con un espíritu enaltecido, inclinado siempre a la justicia, la verdad, el amor y todo en tiempo presente, recordando que el ayer ya no importa. No rechazaríamos nada, ni a nadie, y nada ni nadie podrían tocarnos, dañarnos. Le abriríamos la puerta a la aceptación que es muy buena amiga y nos ayuda a nuestra buena relación con la sociedad.

La BURLA todo el tiempo cargándole la mano al que trata de enmendarse por eso nuestro miedo excesivo a "Dar nuestro brazo a torcer" si vemos que alguien actúo mal y luego arrepentido va y pide perdón a Dios, inmediatamente le hacemos burla, tenemos que entender que precisamente el enfermo, es el que necesita medico y alentarlo para que su cambio sea permanente, si vemos que una familia esta en problemas y tratamos de ayudar, ya sea económicamente, moralmente, espiritualmente, nunca falta alguien que haga burla de esto también y dicen "Ahí esta, venia por lana y salio trasquilado" "Ahí viene el redentor". Porque lejos de ayudar, hacemos burla del que ayuda. Ayudémonos unos a otros, no temamos a la burla de los demás, al que dirán, a meternos en problemas, si estamos haciendo el bien no tenemos porque tenerlos.

Pero insistimos en esto; reprochándonos a nosotros mismos y mas aun a los demás, lo que hicieron aunque haya dejado de hacerlo, lo seguimos hiriendo con nuestras burlas o reproches, aunque por largo tiempo nos hayamos caracterizado como buenas personas, basta con que cometamos un solo error, uno solo y quedaremos marcados de por vida ante la sociedad, como si fuéramos los únicos con mancha. Es la guerra en las relaciones personales.

La CALUMNIA todos contra todos, si no es por respeto a los demás, por lo menos debería de ser miedo, a que, al calumniar, también vayan a salir nuestros trapitos al sol, cuando nos visualizamos a nosotros mismos, haciendo la bajeza que ya hemos cometido, se nos cae la cara de vergüenza que ya ni ganas nos quedan de calumniar a nadie, hay que probar esta técnica y comprobemos que calladitos nos vemos más bonitos.

Comencemos a caminar por la vida recordando a cada momento, lo Pasado, ¡Pasado! Si vivimos solo el Presente nadie recordaría que hizo, que le hicieron ¿Ayer? ¡Lo que importa es el Hoy! ¿Cómo? Simplemente cambiando la pagina, ya hice daño pero de aquí en adelante no lo haré mas, ya me hicieron daño, tengo que perdonar, olvidar y dejar de relacionarme con quien me daño Anulemos el abuso y vivamos en paz.

No dañar, ni usar a nadie, no permitir que nadie me dañe ni me use a mi, es un buen escudo en estos días, pero siempre amorosamente, no olvidemos que conciente o inconcientemente uno esta trabajando para el otro, por eso frecuentemente escuchamos "Nadie sabe para quien trabaja". Pero decimos esto con coraje, veámoslo de otra manera, "Así como yo trabaje para esa persona, aún sin saberlo, alguien más trabajo o trabajará para mi de la misma manera".

Recordemos, no se esta poniendo en tela de juicio a nadie, ni es un análisis sicológico, ni mucho menos critica, simplemente es el comportamiento de nuestra sociedad, así como lo vemos todos los días en la familia, en la calle, en la ciudad. Aquí como siempre decimos "La verdad, no peca, pero incomoda" es observación en algunos casos y en otros comentarios que han hecho los demás.

Vivamos, como queramos, pero siempre recordando "SIN DAÑAR NI USAR A LOS DEMÁS". Porque somos seres humanos, no objetos. Y todos sentimos lo mismo,¿Tu, te cansas de trabajar? Partiendo de ahí, hay que entendernos mas, amarnos mas, cuidarnos mas, respetarnos mas.

Y se que hay mucho más que abordar, pero se esta mencionando lo que atañe a la mayoría. Aunque se que hay una minoría que tiene una existencia más ideal.

Por la manera en que estamos viviendo, dándole al numero 2 el primer lugar, dándole toda la importancia al dinero, con tantos enemigos internos dentro de nuestro ser y externos formando parte de nuestro mundo actual, debido a que hemos invertido todo los papeles perdiendo el sentido de todo, debemos de borrar todo lo malo que hemos hecho o nos hicieron, volver a empezar es fácil, ya vivimos dentro de un computador, vamos a deshacer y a rehacer, es como hacernos limpieza general.

¿Por donde comenzamos? Lo primero es comenzar a limpiar y como ya dijimos necesitamos hacer limpieza general, lo primordial es el hogar, la casa, así que; comencemos por nuestra "Casa interior" Nuestro YO INTERNO y luego la "Casa Exterior" nuestro hogar nuestra familia.

# NUESTRA CASA INTERIOR

## LA PUERTA AL CIELO

Vamos entremos a "nuestra casa interior", será una catarsis necesaria para todos, donde nos esta esperando nuestro otro yo, impregnado con la verdadera esencia de nuestro espíritu, afuera se quedo el aroma de nuestro cuerpo físico Armani o el que sea, nuestro espíritu es la conexión eléctrica de nosotros depende cuan iluminado este, nuestro espíritu esta ataviado con nuestra alma, un vestido de plumas si no tenemos tacha o uno muy pesado si tenemos culpas. Sentémonos a la chimenea que es nuestro corazón, descansemos un poco del frío que traemos por estar tanto tiempo afuera, conviviendo con el enemigo, contaminándonos sin razón y si nuestra visita es a conciencia, será nuestra base, para nuestra proyección hacia el exterior.

Es nuestra realidad, nadie nos dice que es tarea personal e intransferible, trabajar a diario para nosotros mismos, mantenernos en contacto con nuestro espíritu y conocer nuestro ser interior nuestro yo interno, que es nuestro mayor talento, tenemos que conocerlo, tenemos que utilizarlo de lo contrario seguiremos viviendo con la sensación de que algo nos falta, de que algo no esta en su lugar, el encontrarlo, nos realizara, tenemos que afanarnos, en limpiar nuestra "CASA INTERIOR" que es de dos plantas.

**La Planta Baja** es nuestro YO INTERNO ataviado con el alma, los muebles que la adornan son los sentimientos, con una hermosa chimenea que es el Corazón, si el fuego es amor, enaltece nuestro ser, pero si el fuego es abrazador por el odio y el rencor, es un leño muy pesado que terminara apagando el fuego y solo dejando cenizas en nuestro interior, la PB es la más importante, pues es donde recibimos a todo el que trata con nosotros. Hay que sacudir el polvo a los sentimientos buenos, están ahí solo que por el polvo no los vemos, cuando limpiemos encontraremos el PERDÓN para los vivos, incluso para los que ya murieron y en vida nos hirieron, el perdón para quien corto la vida de alguno de nuestra familia ¡ Ese asesino pobre alma en desgracia, su vida se ha convertido en un infierno! ¿Y nuestro ser querido? Esta en el cielo, perdonaremos al que nos violo solo tomo nuestro cuerpo, nuestro espíritu es del señor y por tratar de ultrajarlo, el se encargara de enseñarle, que no puede ir contra Dios y al que nuestros bienes materiales se llevo, al final entenderá, que la verdadera riqueza esta en su interior, pero esta vacío, deteriorado, con olor a podredumbre, en cambio al que le robo, será compensado. Y ¡Mira! Aquí esta el AGRADECIMIENTO al recordar el calor que ya nos transmitió, quien nos amo y lo mucho que aprendimos de quien nos odio. Usémoslo de inmediato agradeciendo primero que ya hemos perdonado al que nos daño y nos hemos aceptado y perdonado a nosotros mismo también. Y ten cuidado porque algo salio de toda esta pila de sentimientos olvidados ¡Ha! es la HUMILDAD que nos ayuda a aceptar la voluntad divina aunque se nos parta el alma, ¡Ahí, se ve algo muy colorido! ¡Jálale! Es la HONESTIDAD que nos hará recordar que no solo hemos sido lastimados, si no que también lastimamos a alguien mas, que nos dejara ver muy claro, que hemos golpeado; a veces físicamente, lastimando el cuerpo de alguien mas, si lastimamos el cuerpo, podremos ver la herida como cambia de color al sanar. Cuando humillamos golpeamos sicológicamente, pateando la dignidad, lastimando el alma de alguien mas, no podremos ver la herida pero ahí esta. Si golpeamos humillando, no nos ofenderá, si el humillado nos abofetea físicamente, solo esta respondiendo al golpe bajo que le dimos, denigrándolo frente a la sociedad, entendamos y aceptémoslo, cada quien tiene su forma de golpear. Y tenemos que reconocerlo para ya no hacerlo más "Tirar la piedra y esconder la mano" esa cobardía ya la hemos dejado atrás.

La honestidad nos deja ver, que hemos abandonado a quien más amamos, a veces huyendo a otro lugar, evadiendo nuestra responsabilidad, a veces estando ahí, pero nunca hicimos nada, por el que nos tocaba vivir, dimos la carga a alguien muchas veces mas viejo que nosotros, o estuvimos ocupados con los de afuera haciendo "Labor social" olvidando a los nuestros, que son la verdadera misión en esta tierra, la honestidad jalándonos la oreja nos hará entender que, "el fin no justifica los medios" y sentiremos vergüenza, pues queriendo hacer algo bueno, nos echamos a los perros, ya no será consuelo para nosotros el decir "Por lo menos yo si di" "Juzgando al flojo, que muy santo, se queda en su casa, claro; sin trabajar, porque todo le pagan" los dos hemos obrado mal, uno por arrebatar el pan, el otro por evadir su responsabilidad, dejando la carga a alguien más.

Nadie nos esta viendo ya podemos llorar, al visualizarnos actuando mal y negándolo después, culpando a los demás, al imaginar a la madre anciana a la cual abandonamos, o a la que utilizamos estando enferma y lejos de pagarle los médicos, las manos con nuestros hijos le llenamos, ya no será excusa el repetirnos ¡Va, mi mamá sabrá! Ahora lo sabemos nosotros y nuestro sentido común comenzaremos a utilizar. Ya podemos llorar, al recordar como nos prostituimos, dejándonos llevar por la soberbia, pero ya no estemos tristes, la humildad gano y la carne para perro desapareció.

¡Vamos! Sigamos tirando todos los sentimientos malos, ahora sabemos que todos, unos en una manera y otros de otra hemos pecado y que ¡NADIE! En este mundo esta tan limpio como para tirar la primera piedra, con la que a diario estamos linchando. ¡Vamos sigamos buscando! Los más viejos están hasta abajo, pues somos "acumuladores de culpas, resentimientos, rencores y odios" y lo que paso hace 20 años aun nos sigue doliendo, tantas piedrecillas metidas en el zapato no nos dejan disfrutar, lo que ahora estamos viviendo, por eso hemos escuchado, nunca se caso; por aquel que la abandono en el altar ¿y aquel, donde anda? ya va por la séptima unión y ya tiene todo un pueblo completo de hijos regados, por aquí y por allá, pero tu lo sigues recordando, dejando de vivir por su abandono. Todo lo que nos este lastimando hay que tirarlo ¡Ahora! No esperemos 20 años.

Tiremos también los recién adquiridos, que han nacido por nuestros desencantos pasados, pues ya estamos tan heridos, por lo que nos hicieron otros, que la desconfianza no nos deja ver, cuando realmente somos amados y pensamos tontamente "Me quiere por mi dinero" no es la culpa de nadie que dejáramos, que alguien nos devaluara tanto, golpeándonos sicológicamente, haciéndonos sentir que no valemos nada. La confianza y la seguridad se han caído y están obstaculizando nuestro caminar por la vida, hay que levantarlas o nos bloqueara de por vida, tenemos que perdonarnos a nosotros mismos, no importa lo que hicimos, si por convicción actuamos bien, lo que importa es eso, lo que estamos haciendo en este momento.

Todas esas dolorosas memorias que nos propinamos nosotros mismos u otros nos dejaron, son telarañas emocionales, agarremos el plumero y tumbemos todas las telarañas que cubren nuestras emociones positivas. Cubriéndolas con las emociones destructivas, ¡tiremoslas! Son nuestra basura sicológica.

Y lloremos, de vergüenza por los que nos vieron actuando mal, de impotencia por los que daño nos hicieron y lejos de valorarnos nos despreciaron, hay que ser positivos y decir "ellos se lo perdieron", lloremos por arrepentimiento de tantas cosas que hemos hecho, el mentir, utilizar, evadir, el humillar, el burlarnos de los demás, si lo han hecho con nosotros lloremos y solo así lavaremos, las manchas que han dejado en nuestra alma, los que publican nuestra deshonra, burlándose de nosotros en nuestra cara y a nuestras espaldas sin que nadie haga nada.

Como si estuviéramos tan limpios nos atrevemos a llamarnos hombres, pero en animales nos hemos convertido y además tan mezquinos; que para olvidar nuestros propios errores, no la vivimos remarcando los errores de otros, haciendo daño, hay que entendernos, también hemos sufrido y no queremos reconocerlo. Dormimos nuestro propio dolor despertando el ajeno.

**La Planta Alta** es la Cabeza, la MENTE y aquí los muebles que la adornan son los pensamientos y desgraciadamente los pensamientos malos, los negativos son los mas grandes, totalmente fuera de proporción, hay que desecharlos, desechemos el MIEDO, la COBARDIA, LA CIZAÑA, la PEREZA y obtendremos mas espacio para reacomodar los pensamientos buenos los positivos el VALOR, LA HONESTIDAD, LA VERDAD, LA CREATIVIDAD, porque tenemos todo amontonado, pero es la parte favorita de nuestra casa interior hoy en día; por lo tanto; desgastamos sus muebles muy rápidamente, aun limpiándola a diario luce sucia, hay muebles que hay que lijar, pintar, otros definitivamente hay que tirarlos, a diario estamos comprando muebles para la planta alta que ya luce saturada. En esta planta nunca se apaga la luz, pues la usamos las 24 horas del día.

Tanto que nos hemos vuelto sus esclavos. De ahí tantos negocios que han surgido ofreciendo sus servicios, prometiendo liberar de esa esclavitud, enseñándonos como Dominarla. A quien puede pagarlos por supuesto. Pues sus costos están muy elevados y los valen, pero no todos podemos pagarlo. Sin embargo, cuando realmente queremos crecer podemos enfocarnos a absorber todo lo que este a nuestro alcance, con un espíritu abierto a aprender, a ser mejores, trabajar arduamente en este sentido para nosotros mismos.

Pero para que toda esa información realmente nos funcione y nos ayude eficazmente a reconstruirnos, debemos comenzar con nuestro interior, limpiar nuestra casa interior, hacer un habito el pasar mas tiempo en la planta baja y utilizar solo la planta alta para descansar y con la luz apagada. El centro de nuestra existencia es la PB que es la esencia de nuestro espíritu, nuestra alma, nuestro corazón, es lo que nos arma para que salgamos afuera, después toda esa información será la decoración únicamente de nuestro yo exterior.

Las ventanas son los ojos y el color real de nuestros ojos, es el mismo que tiene nuestra alma "Los ojos, son el espejo del alma" con un amplio Balcón que es la Boca, el balcón a su vez tiene una gran jardinera que es la lengua, hay que recordar abonar la tierra de esta jardinera, pues definirá nuestra fachada; la cual depende enteramente de nosotros, ya que es nuestro yo, nuestra jardinera contiene el vocabulario, la manera de expresarnos y la lengua, esa pequeña parte de nuestro cuerpo que nos permite saborear de los platillos más exquisitos en nuestra vida, también es nuestra peor enemiga, que daño hace cuando calumnia, critica, insulta. Es peor que el más terrible de los incendios.

Nadie ha podido controlarla aún y es nuestra compañera de por vida, pero podemos intentar a diario tomar control sobre ella, tal vez muramos intentándolo pero es mejor que someternos a ella. Permitir que nos dañe cuando nos auto-insultamos o dañar a otro con ella cuando calumniamos, eso es necedad y esta es su mejor aliada otro enemigo interno igual de poderoso.

La DISCUSIÓN DESTRUCTIVA un enemigo interno más, es originada por la NECEDAD y acrecentada por la LENGUA y el resultado en equipo de estos tres enemigos es la guerra, iniciando en casa las peleas entre los cónyuges por eso tantos divorcios, las peleas entre padres e hijos de ahí la delincuencia juvenil, la pelea entre vecinos, la recesión de contratos laborales, mercantiles o de cualquier otra índole, es el final de hermosas relaciones amistosas.

La tierra para que estos enemigos proliferen es la mala comunicación o en el peor de los casos la incomunicación. Fertilicemos nuestra tierra con la buena COMUNICACIÓN PERMANENTE.

Si tienes sentimientos y pensamientos buenos y abres tu balcón siempre con prudencia (Algo muy difícil para todos) la sociedad dirá que tienes una fachada hermosa. Claro cuando aprendamos a juzgar por lo que somos y no por lo que tenemos.

El haber invertido los papeles, dándole al Corazón, que es el más importante, un segundo lugar, en nuestra vida. Es como si alguien llegara a nuestra casa, se dirigiera directamente a la planta alta y tratara de hablar de negocios con nuestro niño (mente), ignorando por completo al padre (corazón) que fue quien le abrió la puerta en la planta baja. Me pregunto para que quieren hacer más poderosa a la mente, ya nos tiene presos, solo hay que esperar que toda la gente, que este invirtiendo en su persona, tomando estos cursos, seminarios, conferencias; acerca de cómo, puedes dominar a tu mente e influir en la de otros. Tengan muy limpia la planta baja de su "casa interior", que tengan bien claro, quien es el padre y quien es el niño, si no toda esa información, solo se convierte en alimento para el monstruo al que ya pertenecemos.

El Hermoso jardín frontal es nuestra personalidad, cuidémoslo con esmero, al igual que el jardín de nuestra casa material, se llena de plaga, que son los "amigos" que meten cizaña, insectos que se alimentan de el, tornándolo amarillo, que es cuando con la cizaña nos logran "Calentar la cabeza", se comienza a secar hasta desaparecer, se llena de hierba silvestre que lo ahorca, le bloquea el paso enredada en la raíz del pasto. Entorpece su crecimiento, lo comienza a cubrir lentamente hasta desaparecerlo, se sigue viendo verde, pero ya no es pasto. Y entonces nuestro jardín ya no es solo césped, una parte de el es hierbilla silvestre, es nuestro ser interior contaminado por el enemigo externo. La cizaña que nos inyectan los "amigos", despertando, malos pensamientos, malos sentimientos, poniéndonos en contra de todos y ya no actuamos por convicción propia sino por "consejos". Y a esos les llamamos amigos, imagínense si fueran enemigos.

Podemos retomar el autocontrol, vislumbrar el misticismo, elevar nuestro espíritu devolviéndole la importancia al corazón que es el padre y hacer de la planta baja, de nuestra casa interior, nuestro lugar favorito.

Si estamos actuando mal es mucho más urgente hacer limpieza general a nuestra casa interior.

Existen Caza Fantasmas para lograr contacto con los muertos, que están mas vivos y libres que nosotros; pues ya fueron liberados de la miseria humana y por medio de ellos queremos adentrarnos con el mas allá. Y entonces nosotros seamos los Caza Espíritu, contactándonos con nuestro yo muerto, nuestro yo interior y hacer una sesión espiritista, pero para dialogar con nosotros mismos con nuestro espíritu y al fin conozcamos nuestro verdadero yo, nuestro verdadero rostro.

Existen Restauradores, esas personas que se dedican con ahínco y mucha observación, para ver de que vejestorio se puede hacer una obra de arte, lijan, pulen, pintan, retapizan, remodelando muebles de hace 100 años y logran que se reutilicen y no solo eso, sino que hacen, que su antigüedad los haga piezas invaluables, de ahí sus precios tan estratosféricos, hasta la exageración. Así que manos a la obra, seamos los restauradores de nuestra casa interior, en ese viejo baúl encontraremos viejos recuerdos ya olvidados, nuestros logros alcanzados, las buenas acciones para otros, todo lo perdonado, sentimientos desgastados, sueños, pensamientos rotos, deseos opacados.

Si los lavamos, lijamos, pulimos, pintamos, retapizamos, restauramos, seguro los podremos reutilizar, como hermosos cojines para nuestro sofá. Dejemos de lado la riqueza material y hagamos de nuestra casa interior una mansión con la riqueza espiritual que obtendremos al limpiar.

Veámoslo de otra manera, nuestros antepasados hicieron una Revolución para conseguir para nosotros una mejoría Social, Económica, Industrial ahora nos toca a nosotros hacer una Revolución para conseguir una mejoría Espiritual.

## EL CORAZON

Si permites que tu corazón se endurezca, estas preparando una lección muy dura para ti mismo, pero necesaria, para que te corrijas, es cuando decimos "Nada se me da", "Me esfuerzo tanto y consigo tan poco" "Dios no me escucha" "Que mala suerte" ¿Lo ves? Hubiera sido más fácil abrir nuestro corazón al bien, porque cuando el corazón se endurece, se cierra, negándonos su luz y sumiéndonos en la obscuridad. Cuando somos necios, hasta llegar a la terquedad, es cuando nuestro corazón esta endurecido. Es cuando al que esta tratando con nosotros, le dan ganas de hacer sobre nuestra cabeza knock knock ¿hay alguien ahí? Pues en ese momento parece estar hueca. Es innegable que en tiempos difíciles es donde conocemos nuestro verdadero valor, nuestras capacidades, nos fortalecemos de modo que solo es cuestión de tiempo para lograr lo que nos proponemos.

No preguntes a nadie que hacer, tu tienes la capacidad de decidir por ti mismo, esta en tu corazón, haz lo que el te dicte, vive, siente, piensa, habla, actúa con amor, busca incansablemente la frecuencia para sintonizarte con tu corazón. Así como haces con la radio para escuchar tu canción.

PENSAMIENTOS Y SENTIMIENTOS BUENOS Son como lluvia fresca para tu corazón, lo hará florecer y ese será el alimento y abundancia espiritual que comerás tu y contigo los tuyos

PENSAMIENTOS Y SENTIMIENTOS MALOS Son como espinas que hieren a tu corazón, y portadores de la hambruna espiritual

Todo lo que decimos y hacemos es resultado de nuestra abundancia o hambruna espiritual. Con la palabra, lo mismo bendecimos que maldecimos, agradecemos o mal agradecemos, damos felicidad o tristeza, enaltecemos o humillamos, compadecemos o admiramos, alentamos o desalentamos y con todo esto curamos o herimos.

Tenemos que alimentar nuestro espíritu, así como alimentamos nuestro cuerpo tres veces al día o al menos como alimentamos a nuestras plantas una regadita cada día. Pues nuestro espíritu es la Planta de la Vida. No lo hacemos, por eso nos sentimos desanimados, cansados, vacíos estamos, anémicos espiritualmente, estamos en la inanición espiritual.

Cuando terminemos la limpieza general de nuestra casa interior y pongamos todo en su lugar, nos daremos cuenta que tenemos muchas cosas, que ya ni nos acordábamos que teníamos, veremos claramente que primero es nuestro ser interno, luego nuestra persona exterior y luego la buena relación con los demás. Que valemos por lo que somos, no por lo que tenemos, y que lo que realmente somos esta en nuestro interior, no en el exterior.

Ya no importa si eres Abogado, Doctor, Licenciado, Ingeniero, importas ¡solo tu! Salomón, Pedro o como quiera que te llames, ya no importara tu gran empresa ¡si no tu! Carlos.

El Corazón podemos visualizarlo también como la instalación hidráulica de tu casa interior y a veces se tapa la cañería, tiene atascado el RESENTIMIENTO que no es mas que la ausencia del perdón o la presencia del FALSO PERDON, pero mientras habite en el corazón, nos estanca, nos hunde, en lo mas doloroso de nuestro pasado, recordando constantemente la injusticia que cometieron con nosotros y lo mal que nos hicieron sentir y viviendo en esa pobreza espiritual, no vivimos, solo sobrevivimos. Hemos muerto en vida, hemos dejado de existir.

# CUANDO ACTUAMOS MAL

A lo largo de la historia siempre encontraremos al," ELEGIDO DEL MAL" Que será el elegido por la vida para hundirnos en el mal, el que nos humilla, el que nos sonsaca, el que nos mal aconseja, el que nos calumnia, el que nos roba, el que nos engaña, y bueno es una larga lista interminable y siempre otro le hará pagar, aunque no lo veamos así será, y este siempre es el que esta en una posición privilegiada y se ufana de ser mas fuerte, de tener mas poder, de ser mas, que los demás y eso le da seguridad, la seguridad para abusar y entre mas mal hace, mas se le endurece el corazón y es como ponerse con Sansón a las patadas, porque sabemos que "EL MAL PERECE Y EL BIEN PREVALECE"

pero también encontraremos al "ELEGIDO DEL BIEN" para rodearnos de bien, la mano amiga para levantarnos, la palabra de aliento, el préstamo cuando mas lo necesitábamos, y también otro le pagara, pero si la vida nos da la oportunidad, hay que devolver el favor con toda seguridad a otro, porque generalmente el que nos ayuda siempre esta en mejor posición, pero recordemos que siempre habrá otro mas, que necesite de nosotros, entonces; devolvamos lo que ya recibimos, cuando nosotros estábamos mal alguien nos ayudo, pero ya llegara nuestro turno de ayudar a alguien mas.

Y Bueno aunque no lo hagamos, así será, nadie puede contra la ley de causa y efecto; si hacemos mal, tarde o temprano lo pagaremos y si hacemos bien tarde o temprano se nos compensara. Cuando hacemos daños, hacemos mas daño aun, persistimos en dañar por miedo, sabemos que hicimos mal y esperamos que se venguen de nosotros, por eso decimos, "como es el león, piensa que todos son de su condición". Muchas veces, cuando hacemos daño, vemos frustrado el plan, tal vez lo llevamos a cabo, pero con resultados diferentes, el afectado recibe el daño y lo humillamos, nos burlamos de el, pero al poco tiempo, recibe un bien, mucho, mucho mayor, que el daño que le causamos. Esa es la mano invisible enorme y amorosa, mano divina, que actúa para defender al oprimido. Cuando mas convencidos estamos que hemos hecho mal ¡sonido de trompetas! nos ponemos verdes de envidia, cuando vemos, que el mal que aparentemente hicimos, le trajo un bien mayor al que queríamos afectar, eso es necedad, en lugar de arrepentirnos, por lo que hicimos, insistimos e insistimos en dañar una vez mas. Es el ridículo de la maldad humana.

Pero este es el ejemplo mas palpable de nuestro libre albedrío, Quien es poderoso puede usar su poder para hacer el bien o para hacer el mal, por propia elección.

Estamos ignorando la alarmita que Dios puso en nuestro corazón y la conciencia la activa al momento de ser amordazada por nosotros y es cuando irremediablemente, nos dejamos llevar por la SOBERBIA madre de las malas acciones, es 100% separación satura nuestro ser, nos parte en dos, nos ensordece, quedamos incomunicados con el corazón y se asegura de que nuestro lado bueno, quede abajo, muy abajo y nuestro lado malo; se vuelve una esponja venenosa, que absorbe todos los pensamientos y sentimientos malos. Como el sentirnos incomprendidos, rechazados, utilizados, burlados y comenzamos a sentirnos totalmente solos ¡Y no es así!

De modo que podemos ver que nubla nuestra razón, paraliza nuestra inteligencia y no nos deja ver la situación como realmente es, ni todas las opciones que tenemos y decidimos por arrebato, por venganza, por despecho, por envidia, por pura maldad porque muchas veces lastimamos a la persona incluso, sin conocerla, maximiza la necedad, esa necedad de desafiar algo o a alguien aunque sepamos que llevamos las de perder y nos gritamos para nuestros adentros con una rabia que calcina nuestra alma ¡Lo voy a lograr solo!

Es un error garrafal y tal vez lo logramos a costa de nosotros mismos, haciendo pedazos nuestra alma, pero será una victoria silenciosa, tendremos que callarla, pues todo lo mal habido siempre produce vergüenza y en el peor de los casos venganza.

Y así comenzamos a caminar por la vida con el alma y el corazón rotos, llenos de amargura y angustia viviendo en la depresión. Que enferma a la gente hasta postrarse en cama, cayendo en la dejadez, es una enfermedad del alma.

Y así ni nosotros mismos nos podemos ver con buenos ojos, menos los demás. Nos vuelve mezquinos y disfrutamos rebajando a otros, es mas, lo necesitamos, como alimento, pues es nuestra única manera de dejar de sentirnos menos, nos vuelve envidiosos y damos golpes bajos, a veces por querer ser los únicos, estamos cuidando, que los demás se equivoquen y nos encargamos personalmente de publicarlo, para bloquear a los demás la mas minima oportunidad y estamos tan ocupados, pisoteando las oportunidades de los demás, que hasta se nos van las propias.

Pero las oportunidades ajenas son como una raíz que los necios quieren cortar, y le dan al que tanto odian con todo el veneno que traen, cortándolo desde la raíz, si es muy fuerte hasta sierra usaran pero la cortaran. Pero la vida es sabia y nutre a esa raíz, de manera que siempre encontrara otro camino para volver a crecer, algo quedo en la tierra y cuando menos lo esperamos una hojita verde ha brotado y esa raíz que el envidioso había cortado, vuelve a florecer ¡lo ha superado!.

Nos vuelve sabelotodo y egoístas lo que sabemos no lo queremos enseñar y tampoco permitimos que nos enseñen y pensando que ya lo sabemos todo, dejamos de aprender. Nos vuelve sordos, sentimos, ya todo esta dicho y hecho y nos toca que reaprender a escuchar. El egocentrismo nos vuelve injustos y siendo así, es muy fácil para nosotros, volvernos cómplices del que actual mal, el atestiguar una injusticia, es como colaborar con el que hace el mal y va desde una acusación falsa, golpear, robar, hasta matar. Una cosa lleva a otra y el ser cómplices de la injusticia nos hace victimas del soborno que nos cegara, pues al final, nuestros cómplices de fechorías nos traicionarán, nos chantajearan.

Hasta que entendemos que todos necesitamos de todos, que estamos trabajado el uno para el otro, que tenemos que aprender no solo a dar, sino también a pedir y viceversa, que nos podemos evitar todo este dolor con el antídoto perfecto que es la humildad. Y aceptemos ¡Yo no puedo! ¡Pero Dios si! Si hacemos esto de corazón, ya ni siquiera tendremos que buscar, el mismo Dios personalmente se encarga de nosotros y trae a nuestra vida la solución. Cuando hagamos esto habremos aceptado a Dios en nuestra vida, sentiremos su compañía y así y solo así se unificara nuestro ser nuevamente y podremos practicar la unión habremos dejado atrás la separación.

No permitamos que nuestra soberbia nos lleve a desafiar a Dios, reconociendo que el, es el único con derecho sobre la vida, el único juez y señor. No actuemos con la cabeza hueca, pues queda vacía cuando la soberbia entra, actuemos con el corazón y entonces el amor será nuestro pan de cada día y no la desesperación.

El mal inseparable de la soberbia es la COBARDIA simulando inocencia cuando somos culpables, y vamos por ahí con una imagen falsa, de lo que realmente somos, pero gracias a la alarmita que Dios puso en nuestro corazón, en el fondo lo sabemos; lo reconozcamos o no, que somos culpables que actuamos mal

Pero la cobardía, hace su trabajo muy bien y no nos permite reconocer nuestra culpa, nos justificamos, culpando a los demás, es cuando nos atrevemos a blasfemar, por eso, no nos podemos perdonar, ni a nosotros mismos ni a los demás, pues cuando se fusiona la soberbia con la cobardía el resultado es el egoísmo, que nos impregnará y viviremos la vida pensando en nosotros mismos.

Cuando somos cobardes y pedimos perdón, nunca lo hacemos de corazón, cuando lo hagamos forzosamente tendremos que reconocer nuestras propias culpas, y nos daremos cuenta, cuantas veces herimos y ni concientes estábamos de que lo hicimos y lo mas increíble que ni siquiera tuvimos que pedir perdón, pues el corazón a quien herimos siempre nos perdono o simplemente lo ignoro. Y ahora que se defendió, entonces es la gran ofensa para el que venia lastimando sin consecuencia.

Entre más "poderosos" seamos, mas peligrosa se vuelve la cobardía, si es que habita en nosotros y lo vemos todos los días, la cobardía del fuerte siempre triunfando sobre el débil, a sabiendas de que nadie dará la cara por el, pero existe el karma y siempre habrá uno mas poderoso.

Cuando sentimos que somos "Fuertes" Sentimos que controlamos todo, cuando ni siquiera podemos controlar nuestros instintos y vamos por ahí, haciendo un equipaje muy pesado con nuestras malas acciones, pues serán nuestra carga, nuestra consecuencia de vida. Sentimos el peso de nuestros errores de por vida, son un martilleo en nuestra conciencia, son ese sobresalto que nos despierta, en el corazón de la noche y ya nunca tendremos un sueño reparador, son ese llorar cuando nadie nos ve, son ese autodesprecio que de repente nos inunda, es ese sentir callado "cualquiera es mejor que yo", es esa sonrisa falsa, que ya no surge de la alegría, si no del afán de esconder toda nuestra porquería.

Pero esto no es todo, lo mas terrible es nuestra soberbia, la culpable de nuestra cobardía, que nos lleva a la necedad y aun viviendo, sintiendo y sufriendo así, lejos de sentir arrepentimiento seguimos igual y eso solo acrecienta el odio por nosotros mismos y nos despreciamos en la soledad, pero salimos a la calle y hacemos lo mismo con los demás. Nuestras malas acciones nos impregnan inevitablemente de temor, si hicimos mal sabemos que es seguro que alguien en venganza nos trate igual. La venganza, el odio en su máxima expresión, los confundimos con "justicia" cuando la justicia es solo amor y perdón.

Cuando nos convertimos en asesinos, es porque abrazamos a la madre del mal que es la SOBERBIA y seguimos a su hijito que es la COBARDIA y se nos cierra la conciencia, y entonces matamos, tarde o temprano, nos llegara la factura con una cifra estratosferica y en donde dice producto, encontraremos "Vida de tu prójimo" no podremos pagarla, pues no se paga con dinero, si no con riqueza espiritual que no tenemos.

El mal es la obscuridad y el bien es la luz, es lo mismo cuando estamos en una habitación obscura nuestros ojos se acostumbran a la obscuridad y logramos movernos en ella, pero al prender la luz nos damos cuenta que nos hacían falta unos cuantos centímetros mas, para alcanzar eso que buscábamos. Y necesitamos la luz para darnos cuenta.

Es lo mismo cuando estamos en la calle iluminados por completo por ese hermoso sol y llegamos a algún lugar que tiene poca iluminación y entonces tropezamos, pues nuestros ojos tardan en acostumbrarse a la obscuridad en que hemos entrado.

Así sucede cuando actuamos mal, todos tenemos luz divina en nuestro interior; así que cuando caemos en una actividad antisocial, esa obscuridad lastima nuestra alma tornándola negra, nos ciega con un sufrimiento terrible, pues sabemos que esa actividad no es natural, no es normal, es antisocial, pero con el tiempo, esa obscuridad en la que caímos, nos atrapa.

Y nuestros ojos cambian de color se tiñen con el color de nuestra alma, el pensar que nadie lo sabe nos da seguridad, pero basta vernos a los ojos "Los ojos son el espejo del alma" ¿Has escuchado, alguna vez, esto? No me da buena espina, ¿Por qué? ¡No se, se le ve! Tu alma se ha ennegrecido por la maldad, ha teñido tus ojos, así que tu mal actuar se ve por la ventana, cuando actuamos mal se nos ve en la cara, es como si todo nuestro ser fuera una enorme costra, que hasta que se caiga, es decir hasta que dejemos de actuar mal, se evaporara la contaminación de nuestro ser.

Y poco a poco comenzamos a ver, a sentir, a decir, que es natural, que es normal, que esta bien. En el fondo, sabemos que no y comenzamos a buscar excusas, para justificarnos ante nosotros mismos y ante la sociedad.

Pero eso, solo nos vuelve antisociales y no porque la sociedad lo sepa, sino que el mal nos separa de nosotros mismos, nuestra conciencia nos hace sentirnos sucios, diferentes a los demás y nos separamos de ellos también, inconcientemente, pues no aceptamos que el mal nos hace diferentes de los que actúan bien y mientras sigamos con esas malas acciones, todo nuestro ser se sumerge en la obscuridad, que ya ni nos damos cuenta que estamos obrando mal.

Amordazamos nuestra conciencia y nos ponemos una armadura, usamos como espada el grito, el insulto, el golpe, el movimiento y como escudo el ruido interior pues los pensamientos malos te atiborran y el ruido exterior prendemos la música a todo volumen o salimos a la calle a mezclarnos con la multitud, pero la conciencia se las ingenia para quitarse la mordaza y entonces recapacitamos y entonces nos quitamos esa fea armadura y vemos que nuestro yo interno tiene como espada la quietud y como escudo el silencio.

Necesitamos forzosamente dejar de hacer eso malo que estemos haciendo, alejarnos por completo y observar el mundo de afuera, lleno de luz, observarnos a nosotros mismos como nos sentimos bajo la luz, observar a los demás, escuchar como se expresan de lo mismo que a nosotros nos tiene en la obscuridad y si dejamos que nuestra conciencia surja nos avergonzaremos de cómo veníamos actuando, que veníamos haciendo, pues hemos dejado que la luz o el bien nos inunde y entonces las lagrimas lavaran ese vestido que nos enaltece o nos empobrece que es nuestra alma. Y estaremos libres de la obscuridad, del mal. Cuando actuamos mal hemos perdido la fe nos volvemos miserables y al final caemos en la desesperación, rompemos nuestra alma desnudamos nuestro ser interior dejándolo expuesto al frío de la maldad. Estamos rechazando al único amigo que nos protege, nos sana, nos alienta nuestro creador y aunque lo tengamos todo económicamente, todo lo hemos perdido, pues quien vive sin Dios vive en la miseria espiritual.

Nuestra alma es el vestido que nosotros mismos elaboramos con acciones, para nosotros mismos y los demás; de modo que cuando actuamos mal, tendremos un vestido remendado, agujereado e iremos por la vida ataviados como mendigo.

Cuando actuamos siempre bien, tendremos un vestido bien elaborado lleno de gracia y agradecimientos e iremos por la vida ataviados como un príncipe.

Pero la manera en que queramos vestirnos es enteramente personal, el resultado lo obtendremos por el vestido con que nos hemos ataviado para vivir.

Lo maravilloso es que tenemos libre albedrío; de manera que si hemos roto nuestra alma, con malas acciones, en cualquier momento podremos reparar esa prenda ya desgastada, diciéndonos; de aquí en adelante actuare bien y podremos revestirnos con un vestido nuevo, lleno de esplendor. Habremos salvado nuestra vida, nuestra alma, nuestro ser y a todo el que nos rodea también.

Cuando actuamos mal una justificación muy frecuente es "Yo a nadie le hago mal" "Yo sabre, es mi vida" que no nos importe el que dirán esta bien, pero que no nos importemos nosotros mismos eso esta mal y la verdad es que siempre le hacemos daño a alguien, según la mala acción, pero aunque los únicos perjudicados seamos nosotros mismos estamos atentando contra Dios dañándonos por ambición. Que nace de la estupida obsesión de competir, nos angustia tanto lo que están consiguiendo los demás y queriendo algo igual cuantas veces hemos oído "Me juro que algún día tendré lo mismo" observando la gran casa, el carro ultimo modelo, todo material ¡Y lo conseguimos! Llegamos a tener lo mismo, robando, matando, prostituyendo, corrompiendo, conseguimos dinero rompiendo nuestra alma, por elección propia y de igual manera si cambiamos de manera de pensar, de sentir, de actuar la podemos restaurar. No sin que la conciencia nos torture, la sociedad nos linche, pero a nadie nos toca juzgar, recordemos "En el pecado, se lleva la penitencia" Y que Dios nos ampare en las noches, que nos de por llorar, cuando dejemos a nuestra conciencia hablar.

Si dejamos que la soberbia nos atrape veremos con odio a los que están en la cima de la montaña que tienen todo en la vida y muchas veces sin esfuerzo, y se despierta nuestra envidia y queremos llegar a la cima, por atajos que siempre son escabrosos y aunque logremos llegar no podremos disfrutar por haber actuado mal.

Cuando actuamos con soberbia nos convertimos en ladrones, y comenzamos a robarle a la vida lo que según nosotros nos esta negando, si nos llenamos de amor en algún momento nos dará eso que nos esta negando y no es necesario robarlo.

Sucederá cuando abracemos a la vida amorosamente, como diciéndole con toda la paciencia que nos sea posible, me tiraste y me levante, me quitaste y ahora estoy en espera de que se me de mas, me entrego a ti con todo lo que soy y lo que me queda, superando con esto, a la rabia que nos da perder, habremos conseguido la victoria, escandalosa victoria que podremos gritar, pues hemos vencido al mal.

Otro motivo de que actuemos mal es El SUFRIMIENTO espiritual ese DOLOR en el alma que nos produce MIEDO que fractura nuestro ser, es como si nuestra propia sombra nos abandonará y empezamos a huir persiguiéndola y de tanto correr de repente nos damos cuenta que estamos persiguiendo sombras, tantas que no encontramos la propia y mientras estamos en la búsqueda de nuestra propia sombra, la vida se nos escapa como agua entre los dedos y hace su entrada triunfal la COLERA, en la mayoría de los casos, en otros hace su entrada triunfal la TRISTEZA, ninguna de las dos es buena, si tratamos de superarlo iremos de una reacción a la otra hasta lograr que ese enojo con la vida desaparezca, si no ponemos de nuestra parte, elegiremos caer en una o en otra dependiendo de lo poderosos que nos sintamos o la desventaja en que vivamos.

Y se incrementa la necedad de contradecir, de desobedecer, y todo esto nos trae las conductas destructivas, nos hemos hecho seguidores de la obscuridad y nos estamos alejando tanto de la luz, que estamos viviendo en Tinieblas, viviendo entre ruinas, en la infelicidad. Porque somos flojos pues el actuar bien precisa cambiar, trabajar para lograr ese cambio implica renunciar a algo o a alguien y por mera comodidad nos inclinamos al mal.

El DOLOR nos ha vuelto nómadas, siempre huyendo del dolor emocional, nos enajenamos, huimos de los problemas, y empezamos a movernos, tratamos de estar en lugares concurridos para no sentirlo, pero solo dejando que nos alcance y nos empape desaparecerá, de otro modo no podremos huir de el. Pues esta en nuestro interior y no importa a donde vayamos nos seguirá. No podemos huir de nosotros mismos., tenemos que enfrentarnos a nosotros mismos echarnos un clavado en nuestro interior, encontrar el baúl de nuestros recuerdos y tirar todo lo que nos este lastimando eso nos hará dejar de huir.

El caer en la obscuridad es vivir sin principios, sin pensar en las consecuencias de vivir con tanta ligereza, pero la verdad que esa ligereza será la pesadez del resto de nuestros días, nuestra conciencia todo lo almacena y la memoria de los demás siempre esta recordando los errores que cometimos, aunque haya pasado una eternidad. Y si nos visualizamos cometiendo ese acto reprobable a los ojos de los demás, nos llenaremos de vergüenza y de ansiedad, el pecho se nos quemará, pues nuestra alma en llamas esta, en lo más profundo del pozo de la porquería de la humanidad. Todo por seguir a la soberbia, al egoísmo y la superficialidad, idolatrando al dinero, cedimos a todo lo malo.

El Mal nos embrutece nos hace perder todo el sentido de la vida y solo queremos morir y mas nos valiera así, pues hemos caído en tinieblas y desesperación. El bien ilumina nuestra inteligencia y nos da fuerza para vivir. Lo mas triste de cuando actuamos mal es que se pagara, pero siempre pagamos con el que queremos mas y por eso escuchamos "Pagan justos por pecadores" Pero aquí es donde debemos trabajar mas, comenzar nuestro trabajo espiritual, continuo, esclarecer nuestros principios, fortalecerlos, no ceder al bajo ambiente en que hemos caído y si cedimos y caímos levantarnos, y aquí si se vale salir huyendo diciendo "Corran por su alma". Recordando que no nos define que caímos sino lo que hacemos después de levantarnos.

Cuando actuamos mal todos nos rechazan, nos desprecian y la espalda nos dan, pero Dios aun cuando no le merecemos, siempre nos defenderá. Si hemos caído en esto, estamos enfermos y es cuando necesitamos mas al Gran Medico y creas o no en el, aquí en el peligro y la mas terrible obscuridad, con tus propios ojos lo verás, todo tu ser lo sentirá y de arrepentimiento y vergüenza lloraras y en medio del dolor, al fin lo conocerás, sentirás su cercanía y creerás.

El buen Pastor a su ovejita salvo, porque nosotros no nos preocupamos por Dios, pero el siempre se ocupa de nosotros sanando nuestro interior.

Cuando caemos en la obscuridad ¡cuidado! porque después de la primera vez, se va expandiendo, una mala acción nos lleva a otra, de ahí que la primera vez es la mas difícil y después "perro que da en tragar huevos, aunque le quiebren el hocico" pero la consecuencia es "tanto va el cántaro al agua hasta que se rompe" Por eso si caemos en la obscuridad, es urgente que tratemos de salir de ahí cuanto antes, antes que impregne todo nuestro ser, olvidémonos de esa autojustificación "no soy el único" y es cierto, pero si realmente queremos renunciar a esta auto destrucción es muy posible que entonces si seamos el único, cuando caemos aquí mas de uno se encargara de convencernos de que somos malos ¡y que! y que lo malo es natural ¡y no! Dios esta en cada uno, por lo tanto somos buenos, todo lo que proviene de Dios es bueno, la bondad es nuestra verdadera naturaleza.

Cuando actuamos mal es porque estamos desarrollando una actividad deshonesta, antisocial y le llamamos "Trabajo" hay que recordar el TRABAJO honesto, ennoblece a la persona, la enriquece espiritualmente. Lo que nos avergüenza y empobrece espiritualmente, a eso no le podemos llamar trabajo. Y Cuando nos descubren actuando mal, nuestro escape inmediato, es el enojo y la cara Larga y por supuesto muy roja. Pero si realmente estuviéramos actuando bien, podríamos levantar la cara y tranquilamente decir, eso no es verdad, pero como no y en el fondo lo sabemos, lo aceptemos o no; fingimos que nos ofendieron, insultaron y salimos huyendo con los ojos bajos por supuesto, no podemos mirar a los ojos, no podemos levantar la cara. Y mientras permitamos que la obscuridad nos domine, seremos como vagabundos ningún lugar será nuestro lugar y no podremos descansar.

Dios nos esta esperando y si nuestro arrepentimiento es sincero siempre encontraremos otra oportunidad.

Ayudemos incluso al que nos odia y al que odiamos ni para bien ni para mal y solo así nos libraremos del mal y con el que actúa mal no nos podrán comparar.

Si lastimamos a la naturaleza solo recordemos que ella nunca perdona, si nos lastimamos entre nosotros, estemos concientes que a veces perdonamos y a veces no, pero no importa el mal que hagamos, ni como, ni a quien, es indudable que Dios siempre nos perdonara, porque cuando estemos realmente arrepentidos el lo sabrá.

Cuando nos dejamos llevar por la Soberbia nos hacemos más malos y las lecciones dolorosas de la vida, ya no nos enseñaron, por que no las dejamos, nos ensordecemos, nos embrutecemos diciéndonos "Ahora verán lo que de verdad es ser malo" y como decimos de niños "equivocación" Con esto solo hacemos gironés de nosotros mismos. Cuando logramos actuar con humildad, a pesar del sufrimiento, este nos pule con lecciones muy dolorosas pero salimos de ellas siendo mejores personas

Vayamos por el camino fácil en el buen sentido de la palabra, lo más fácil, obedecer al bien, oír la voz de nuestra conciencia, escuchar la alarma depositada en nuestro corazón, practicar la humildad, perdonando de corazón y así realmente somos más y mejores personas para la sociedad

Hacer lo malo nos empobrece y nos lleva a la perdición, sentirnos bien al hacer mal, ese sentimiento es lo que contamina nuestro ser. Hacer el bien nos enriquece y nos convierte en una bendición

Mientras mas bajo caigamos, mas arduamente debemos de trabajar para fortalecernos espiritualmente, solo así nos libraremos del mal.

Y como en las caricaturas, hasta el final de los tiempos, seguirá la eterna carrera del "malo" contra el "bueno". Los malos; siempre saliéndose con la suya, los buenos siempre perdiendo, siendo calumniados, perseguidos, linchados, solo que ahora las piedras para el linchamiento son los errores cometidos y otros inventados. Pero como "Dios no cumple antojos ni endereza jorobados" Reviste al que esta siendo injustamente tratado con; valor, fortaleciendo su espíritu. Y por eso escuchamos, ya cuando sentimos que no nos queda nada, pero lo decimos "No hay mal que dure 100 años" "En el pecado se lleva la penitencia" "El que a hierro mata, a hierro muere" "Con la vara que midas, serás medido" todo usado a nuestra conveniencia, nunca con justicia.

## INJUSTICIAS SOCIALES DEL MAL ACTUAR

Los secretos que nos cuentan los amigos los utilizamos como armas cuando nos volvemos enemigos, por eso no contemos nuestros secretos a nadie, es como ponerle la espada en la mano al enemigo, o la piedra para que nos linche y que tristeza cuando es un ex amigo.

Es una blasfemia ser injustos e ir destruyendo la dignidad de todos los que se nos ponen enfrente y nos volvemos Hansel y Gretel vamos dejando el "caminito" son todos los que hemos destruido.

Cuando vemos una injusticia pensamos "Mejor ni me meto" nos da miedo "Defender" el derecho del maltratado y si hay algún atrevido y sale en su defensa, es objeto de burlas, pero todo lo que se hace desinteresadamente tarde o temprano es compensado. Quién se mete en batallas ajenas, siempre termina despreciado, rechazado, ignorado, burlado, incluso por la misma persona a quien ayudo, a quien defendió. Nos quedamos en problemas para ayudar y el defendido resulta que lejos de ayudarlo lo ofendimos, lo bueno que el que ayuda siempre tiene un alma fuerte de líder, da sin esperar nada y sabe que el agradecimiento en algunos no existe.

Por eso cuando la rancherita diga; déjalo que me pegue, es mi marido. Hagamos como con nuestros frijoles y dejemos que se peguen. A menos que seamos amantes del bien común, tomaremos el riesgo mencionado arriba, pero la mayoría no lo hacemos, para que, es "meterse en camisa de once varas" Pero ya seamos el defendido o el defensor no huyamos de los problemas, haciéndolo, solo sufrimos mas, pues el problema se convertirá en una piedrita en el zapato, afrontémoslo con valentía. Así no nos atormentara.

Cuando sentimos que nuestro problema es tan grande que no hay solución, es cuando podemos hacer un buen uso del egoísmo, salgamos a la calle y veremos que hay muchos que siempre estarán en peores condiciones, es algo extraño pero al darnos cuenta que estamos llorando por que no tenemos zapatos, vemos a alguien que no tiene pies, ¡Nos sentimos mejor! Y aun cuando no lo digamos lo pensamos "Entonces, lo mío, no es lo peor" pero si esto tampoco te funciona, Entrégate a Dios, reconoce el cansancio mental y físico de tanto pensar sin encontrar la solución, desaparece física y mentalmente y deja de bloquear la solución, que siempre esta en Dios y dile, ten señor mi carga, ayúdame, pero díselo con la convicción de que tienes derecho a estar mejor, no con resignación aceptando que el estar mal es natural, díselo con amor no con desesperación, con paciencia sabiendo que la respuesta puede tardar, pero ten la seguridad que la ayuda te llegara, justo a tiempo, ni antes, ni después.

La PEREZA es la principal AMBICION hoy en día habemos muchos flojos, flojísimos y abusivos, sin ton ni son, que sobrevivimos a costa de los demás, la pereza nos lleva a utilizarlos hasta el abuso y lo podemos ver en la familia, en la oficina, en la sociedad.

La SERPIENTE que aparece en el inicio de nuestra historia, ha prevalecido en nuestros días tomando la forma de cualquiera que este cerca de nosotros, en el amigo que nos dice ¡anda, vamos a serle infiel a nuestra esposa!, ¡se hombre! o el cobarde que nos hace caer en la trampa del vino, insistiéndonos ¡vamos, brinda conmigo, ándale otra! ¡Una, no es ninguna! Todo para sacarnos la información que ni le atañe y luego para burlarse, golpearnos, abusarnos, culparnos hay mil razones, y además de todo luego le escupimos en la cara, que es un alcohólico imposible, eso es cobardía pura, abusar de un borracho es como golpear a un niño, y al borracho se le quita lo difícil al siguiente día, pero al que abusa de el. La cobardía y la mezquindad esta tatuado en su ser.

La serpiente del mal también la encontramos, en el amigo que nos incita, a engañar a nuestros padres ¡ándale, vámonos toda la noche de juerga y dile a tus papas que te vas a quedar en mi casa!, o hasta en los padres que dicen ¡pégale a tu mujer, enséñale quien manda! En el corruptor de menores y muchas veces de mayores también, por que induce al mal a otros. Cuando perdemos la fe, en ese mismo momento la serpiente se arrastra a nuestros pies, rodeándonos. Ese mal consejero que lanza palabras teñidas de todo lo malo y nos hundimos en la desesperación. Todo por dejar de escuchar a Dios y hacer caso de las palabras necias de otro pen-sante como nosotros.

Actuamos como niños malcriados, pero contradictorios, al menos los niños de verdad, escuchan sus cuentos y los adultos ya ni eso escuchamos, es importante que apliquemos lo que nos dice nuestra nana la televisión en esos cuentos infantiles veremos resumida la maldad humana de una manera caricaturesca que lejos de ser hermosa es devastadora. Y vemos aparecer el Diablito y el Angelito en su constante pelea, eso es malo no lo hagas y el diablito insistiendo si hazlo, o vemos al Pepe Grillo que es la CONCIENCIA que nunca escuchamos o al niñito de madera que le crece la nariz debido a la MENTIRA, vemos a la ENVIDIA y SOBERBIA en la bruja del cuento deseando siempre Juventud y Belleza, vemos en la tierra de nunca jamás como los PENSAMIENTOS FELICES levantan hasta hacer volar, vemos a esos ogritos donde aparece esa frase "de noche es una, de día es otra y del verdadero AMOR tomara forma" aquí nos insisten que nuestra naturaleza siempre será el bien. Pero tenemos endurecido el corazón y hemos mandado a nuestra conciencia callar. En la parte cuatro de la era de hielo exponen un problema social muy fuerte la superficialidad en los adolescentes y el abandono de nuestros ancianos y niños rechazados, todo eso es verdad y pasa en nosotros, en los seres humanos, el osito Ted nos muestra como con el paso del tiempo vamos corrompiendo nuestra alma de niño, los deseos mágicos se vuelven adicciones, conformismo y que en cualquier momento aunque ya no seamos niños, bastara con reformarnos y volverán a desearnos y volverá el poder de los pensamientos mágicos.

## JUZGAMOS SEGÚN NOS CONVENGA Y SIEMPRE HIPOCRITAMENTE

Nuestra naturaleza es el bien y como hemos torcido toda ley y todo lo entendemos según nos convenga, no como realmente es, ahora nos inclinamos al mal. Por eso tomamos como nuestra misión en este mundo, proclamar por todos los rincones de la tierra, el error de los demás y siempre lo maximizamos, para asegurarnos de lincharlo ante la sociedad, la cobardía nos hace criticar aun cuando nosotros hayamos cometido el mismo mal.

Pero si esa misma persona hizo bien todos lo ignoramos, incluso el que recibió el bien y dejando que la lengua, saque todo su veneno lo acusara mientras viva. Si decimos "Soy bueno" no nos creen, aunque lo seamos.

Cuando una persona se alaba y auto reconoce el bien que ha hecho, inmediatamente decimos, que vanidoso, que hablador, que presumido, la envidia nos hace callar lo bueno que es o que tiene una persona.

Pero cuando una persona habla pestes de ella misma, inmediatamente todos nos ponemos a trabajar arduamente, divulgándolo, justificándonos con "el o ella misma me lo dijo" y el chisme es como la torre de Babel, todos lo divulgaremos en nuestro "Idioma", de acuerdo a nuestro nivel de maldad, que será el mismo nivel de veneno que nuestra lengua esparcirá, es decir; nuestra manera muy propia de interpretar. Y lo peor aun; que los que fuimos envenenados por esa lengua que difamo a alguien mas, nos predisponemos con la persona difamada y la tratamos mal.

Pues estamos llenos de Prejuicios, prejuicios que desaparecerán cuando seamos honestos y entendamos que también nosotros hemos actuado mal, seguramente fuimos mas hábiles para esconder nuestros "errorcillos" pero acordémonos "No levantes la caca, porque huele" Esto es la maldad humana en la existencia, nuestro pan de cada día.

Esa pequeña partecita de nuestro cuerpo nos domina, la venenosa lengua que hasta con la familia, esparce su veneno. No tiene cerebro, pero eso no la detiene para estar al frente. Es tan cruel que muchas veces critica acaloradamente la obesidad frente a la persona gorda,

y no nos queda mas que dar esa sonrisita de ¡UPS! HAY QUE
LUCHAR INCANSABLEMENTE PARA PONERLE FRENO.

Que juzguen y caminen con la cara en alto los "Que no tienen
cola que les pisen"

La mejor manera de hacer justicia según mi humilde parecer es
decir y si no queremos decirlo pensarlo "Espero que seas feliz y recibas
lo que mereces" NUNCA DECIRLO CON ODIO PORQUE
ENTONCES SE NOS REVIERTE si lo decimos con humildad
es la manera mas diplomática de quitarnos de en medio y dejar a
Dios que sea el, quien disponga que merece la persona en cuestión.
Será Justicia Divina y no la justicia hipócrita del ser humano. De
esta manera si fuimos nosotros los que lastimamos, la otra persona
recibirá la compensación por el sufrimiento que le causamos. Y si
fuimos lastimados, el otro recibirá el castigo por lo que nos causo.
"Con la vara que midas, serás medido" y "El que a hierro mata a
hierro muere" pero que sea Dios quien lo decida.

Y después de esta extensa analogía, ya podremos entender el
actuar de nuestra Sociedad, ahora en broma es llamada Suciedad,
porque nos utilizamos, porque abusamos el uno del otro, lo muerto
que estamos por dentro, lo rota que esta el alma y entonces veremos
a la humanidad llena de desalmados, sin olvidar que en cuanto nos
decidamos podremos renovarnos.

# LA FAMILIA

La familia, la cuna de tus principios, de tus valores. Donde te formas, para salir afuera y formar parte de la sociedad.

Tu casa es la primera escuela donde te moldean el pensamiento, donde te enseñan a sentir, donde aprendes a expresarte, es la responsable de "COMO SOMOS" de "QUIENES SOMOS" conocimientos que se impregnan en ti, de tal manera que son lo que te definen como individuo, es como el Jardín de Niños que te prepara para llegar a la Primaria.

> EL FUTURO DEPENDE EN GRAN PARTE DE LA FAMILIA
> LLEVA CONSIGO EL PORVENIR MISMO DE LA SOCIEDAD
> SU PAPEL ESPECIALÍSIMO ES EL DE CONTRIBUIR
> EFICAZMENTE A UN FUTURO DE PAZ (JUAN PABLO II)

El calor del hogar es el bálsamo que nos reconforta, la familia, es la raíz que nutre nuestro ser, la flama que enciende nuestro espíritu, esa energía interior que nos fortalecerá a lo largo de nuestras vidas, la escuela donde se forman nuestros pensamientos, sentimientos y vocabulario que desarrollaremos afuera, es la dinámica de muchos que nos da vitalidad y la fuerza para continuar.

De ella heredamos nuestros valores. Es el grupo donde se nos reviste para salir a la batalla con valor, dignidad, compromiso.

Es importante discernir que mas vale provenir de una "FAMILIA BUENA", es decir noble, bondadosa, que de una "BUENA

FAMILIA", es decir de alcurnia, prestigiosa. Lo que vale es la calidad humana, no la cuenta bancaria. Aunque es innegable que todos necesitamos que fluya satisfactoriamente en nuestra vida esa energía que llamamos "Dinero" pero no lo es todo hay muchas energías más que componen nuestra vida y nos dan satisfacciones incluso mejores.

En este punto no se esta en contra de la riqueza, pues es bien sabido que los malos pensamientos y por ende sentimientos no distinguen clases sociales. La verdadera riqueza es la conjunción de riqueza monetaria, riqueza espiritual y agradecimiento. Cuando aprendamos a conjugarlo así nadie será pobre, algunos tendrán dinero y otros no ¡Pero nadie, será pobre! Mientras eso no suceda, todos lo somos, viviendo en la hambruna espiritual.

La familia es el primer ambiente que percibimos y donde se nos va inyectando día a día la convicción de que nacimos para triunfar, de que tenemos capacidad suficiente para desarrollarnos y ser felices o bien es el origen de carencias y limitaciones mentales y espirituales que nos mutila por completo para comenzar nuestra propia familia.

Pero este libro no es panelista, no se trata de decirle al que maltrata "Lo que se merece" sino hacerlo conciente de que se esta lastimando así mismo y a los demás, ya que los remordimientos, lo acepte o no, tarde o temprano, lo alcanzarán, ni tampoco vamos a "Compadecer" al que soporta el mal comportamiento de su familiar.

Los dos estamos actuando mal, Cuando atentamos contra la dignidad humana, atentamos contra el bien, lo negamos y entonces nos inunda el mal.

Cuando maltratamos; estamos olvidando que Dios; nos creo para ser dignos y no estamos respetando eso, entonces atentamos contra Dios, contra uno de los hijos de dios, (que es nuestro familiar al que maltratamos) y contra nosotros mismos, pues al pisotear la dignidad del otro, pisoteamos también la de nosotros mismos; cuando permitimos que nos maltraten, al no defender nuestra dignidad, estamos desvalorizando, en su totalidad; el trabajo de Dios en nosotros, al dejar que nos pisoteen, también el mal, nos absorbe.

Y no se trata de pelear sino de conservar la integridad del que maltrata y el maltratado. "La viveza llega, cuando el Pen. ha pasado" y decimos "Me hubiera defendido, diciendole lo injusto que fue" "No lo hubiera permitido, me hizo de todo y al final se fue" EL HUBIERA ES TIEMPO P......JO. Lo que importa es momento a momento y remarcar la línea del respeto, todos los día, no dejar que nos pisoteen y pisoteen hasta que la borren y aceptamos vivir en la injusticia, cayendo en la dejadez, y solo repitiendo ¡Pues que hago, así es!

Y no se esta induciendo a pelear, es comunicación dejándole muy claro al que maltrata, que no esta actuando bien, que no se puede tolerar. No pidiéndole, exigiéndole cambiar de lo contrario hasta Dios lo dijo, divide y vencerás; es como decir, mejor será, que vivas tu vida lejos de mi amándome, que cerca de mi, maltratándome.

Porque nacimos únicamente para la Verdad, la Bondad y la Belleza, esta en nuestra naturaleza, pero desgraciadamente en la vida aprendemos de todo, menos a quitar la fealdad del interior y traduce lo anterior en Mentira, Maldad y Fealdad. Solo reconociendo nuestra naturaleza, evitaremos que nos atrape la obscuridad.

Pero sea como sea, nuestra familia debemos de aceptarla y amarla conservando nuestra propia esencia, porque ahí nacemos, ahí crecemos, recibiendo atención y protección o maltratos, insultos y desamor. Pero terminamos adaptándonos a la clase de familia en que nos toco nacer. Al conocer otras costumbres, otras familias es cuando nace nuestro orgullo o nuestra vergüenza por la nuestra.

El comparar siempre traerá inquietudes, tal vez en algún momento lleguemos a sentir que no estamos de acuerdo con la actitud de nuestra familia, pero eso, solo pasara si nos sentimos diferente a ellos. Ya sea que nos sintamos mejor, o peor que ellos, siempre la consecuencia es la misma la armonía familiar se fractura.

Lo importante aquí es usar nuestras propias características positivas y no permitir que nos absorba ningún ambiente destructivo. Solo así podremos ser nosotros mismos, nadie podrá minar nuestras buenas decisiones, para afrontar a la vida, permitiéndonos salir victorioso de cualquier situación.

La familia también nos proporciona seguridad, cuando es en exceso, solo nos crea dependencia y eso, no nos permite saber exactamente de que somos capaces, nos priva de esa enorme satisfacción de decir ¡lo logre!

Cuando comenzamos a tomar riesgos, en mas de alguna ocasión olvidaremos los valores que la familia nos brindo, pero el gresar al seno familiar nos ayuda a retomarlos y así tomando nuestras propias oportunidades y asumiendo las consecuencias o beneficios que logremos, entonces surge el compromiso con la vida, como individuos.

Entonces estaremos listo para abandonar el seno familiar y comenzar a vivir, para luego formar nuestra propia familia, nuestro propio hogar, entonces tendremos la libertad de imponer, nuestras propias reglas. Decidir y actuar por nosotros mismos.

Entonces será nuestro turno, nuestra oportunidad de impregnar a otros con lo que nosotros somos.

Sin olvidar que el ser independientes no se refiere solo a Dinero, tenemos que independizarnos Fisica, Mental y Espiritualmente, solo así podremos decir que somos autosuficientes.

Dejaremos de criticar a los padres cuando veamos que nosotros no lo estamos haciendo mejor, tal vez tengamos más dinero, pero mental y espiritualmente, seguimos aprendiendo de ellos, seguiremos siendo hijitos de familia emocionalmente, hasta que entendamos que la independencia no es utilizar sino ser utilizado. Es no ser ayudado, sino ayudar, es no ser comprendido sino comprender, es no ser amado sino amar.

La familia es la única empresa para la que trabajamos día a día, la más importante y la única que nunca abandonaremos (o al menos, así debería ser)

La administración de esta, que es nuestra empresa más importante, nuestro hogar. Es la base para la armonía familiar, muchos problemas familiares se originan por que estamos mal económicamente.

Y aquí hay que aclarar que no se esta hablando de que la riqueza o el dinero traen la armonia, porque en este punto es relativo, tenemos mas y gastamos mas, asi que todos ricos o pobre pasamos por tiempos de malas economias y entre mejor pisicion tengamos, mas grande sera la banca rota mientras mas altos estamos, mas dura es la caida, por eso hemos escuchado decir "Cuando el hambre entra por la puerta, el amor sale por la ventana" hay que inyectar esta cultura de la administración familiar, como nos enojamos cuando las instituciones bancarias nos invitan a invertir nuestro aguinaldo, no los escuchamos tenemos dinero y no paramos hasta quedar con la mano vacía otra vez y luego, luego, vamos y hacemos berrinche, al vernos en problemas y a desquitar con quien se deje.

¡Bueno!, ya nos comimos las dulces, ahora hay que comernos las amargas. Y el año que viene escucha los comerciales de TV, prensa y radio e invierte. Por eso cada enero escuchamos "que la cuesta de enero no te cueste"

La seguridad en la familia cada miembro de la misma forma parte de este equipo

---

UNA CASA SERÁ FUERTE E INDESTRUCTIBLE
CUANDO ESTE SOSTENIDA POR ESTOS CUATRO PILARES
PADRE VALIENTE
MADRE PRUDENTE
HIJO OBEDIENTE
HERMANO COMPLACIENTE (CONFUCIO)

---

La clase de familia que somos generalmente es igual a la clase de familia que formaron nuestros padres y es la qué determinará la clase de vecinos que somos.

Cabe mencionar que debemos asumir las consecuencias de nuestros actos, ya esta muy desgastado y además es muy desgastante decir "SOY ASÍ", porque mis padres fueron así, ¡No se vale! Y hay familias que arrastran esto, por generaciones.

Una madre muy angustiada comento, mire como la dejo el marido, señalando a la hija. Y agrego, ya le dije que lo deje, pero no entiende. Dice que porque ya es de familia. Que su abuelo le pego a su abuela hasta que murió y que mi marido hizo lo mismo conmigo y que como nosotros lo aguantamos, ella también lo tiene que aguantar. Y entonces yo le digo que esta mal y que si quiere lo mismo para su hija, señalando a una pequeña de dos años de edad.

¿Lo ves querido lector? Lo anterior es tan triste como cualquier novela o película, pero los personajes no son actores famosos, son personas común y corriente como tu y como yo. Ni tampoco necesitamos prender la TV. Para ver esta novela solo basta interesarte un poco en los demás.

Te das cuenta que si la abuela de esta historia y la mamá hubieran tratado de tener una vida mejor, modificando, por lo menos algo en sus vidas, hubieran cambiado su mundo y el de 3 generaciones más. De ahí la importancia de cambiar nosotros, como individuos, mejorar a diario, en todos los sentidos y así cambiaremos el mundo.

¿Qué clase de familia, es nuestra familia? ¿Qué personaje caracterizamos dentro de nuestra familia? Seguramente mas de alguno de los listados aquí.

Hago hincapié en que no se trata de criticar, sino de comprendernos unos a otros, tratar de ver que hay detrás de cada persona, para comprender su comportamiento y no tomarlo personal.

Siempre existirá una razón, sea valida para nosotros o no, si al menos podemos vislumbrarla, nuestro actuar y reaccionar se encaminara hacia la paz y no a la guerra.

## CLASES DE FAMILIA

La conducta familiar no solo define la clase de vecinos que somos, sino quienes somos frente a la sociedad completa, los padres deberíamos de cuidar esto, a veces por molestar a la sociedad destruimos los valores, los principios de nuestros propios hijos. ¿Y tu familia? ¿Qué conducta familiar tiene? Recuerda será también la conducta social de todos los miembros que la conforman:

.- La FAMILIA HOSPITALARIA, siempre amable con el visitante, y más aun con el invitado. Esta enseñando compromiso, empatia, respeto, alegría de vivir de compartir.

.- La FAMILIA HOSTIL, atiende a quien toca su puerta a medio abrir o de plano, desde la ventana. Esta enseñando malos modales y desconfianza.

.- La FAMILIA SAN QUINTÍN siempre haciendo escándalos al salir. Esta enseñando falta de respeto para ellos mismos y a los demás.

.- La FAMILIA RESPETUOSA, dando los buenos días al salir. Esta enseñando respeto y lo importante de sonreírle a la vida

.- La FAMILIA IRRESPETUOSA, ni siquiera voltea cuando a sus vecinos ve venir. Esta enseñando la frustración que tiene en su interior quien tiene complejo de superioridad.

.- La FAMILIA "MUY RELIGIOSA" aquí como dice la canción "si supieras que terrible, resulta la gente demasiado buena, todo lo comprende, parece que perdona, para al final siempre nos condena" Esta enseñando que no importa que religioso seas, si no conoces el amor y el perdón.

.- La FAMILIA PRESUMIDA, caminado de puntas, mirando de reojo, la nariz al aire y viéndote por encima del hombro. Esta enseñando que no vale nada el dinero si no se tiene calidad humana.

.- La FAMILIA ABUSIVA como esas que rentan una casa y no cumplen con los pagos poniéndose en la posición tal de "no me salgo, no le pago y hágale como quiera" Esta enseñando se un aprovechado, abusa de todos, rompe todas las reglas, ve contra la corriente, no importa que lastimado salgas tu mismo.

.- La FAMILIA VULGAR, gritando groserías, con el sonido a todo lo que da, y si pasan frente a ti a carcajadas se van. Esta enseñando que no conocen la intelectualidad, que prefieren omitir su inteligencia, que ignoran que otro modo de contaminar el mundo es el ruido y la falta de respeto a todo.

.- La FAMILIA PACHANGUERA todo el tiempo están de fiesta. Esta enseñando, no respetamos el tiempo ni los derechos de los demás. Egoístas totalmente.

.- La FAMILIA PASANTONA donde la misma persona ha sido pareja de más de uno en la familia. Esta exaltando la promiscuidad y haciendo cenizas la fidelidad

Y como una familia esta compuesta generalmente por esposo, esposa, hijos(as), abuelos(as), o al menos, estos son, con los que tenemos trato directo a diario, comenzamos por la cabeza de la familia que es el padre o esposo.

# CLASES DE ESPOSOS, NOVIOS O AMANTES

La clase de hijo que eres te define como esposo y padre, "El que es buen joven, es buen viejo" lo utilizamos para hablar de belleza física, pero se puede aplicar tambien a la belleza interior. Si respetas a tus Padres, respetaras todo.

El hombre es el apoyo económico de la familia, la fuerza moral que los protege de todo y de todos hasta de ellos mismos, es quien valientemente enseña con el ejemplo, respeta las reglas que impone, actúa de acuerdo con lo que dice, el hombre de verdad es quien tiene en absoluta armonía pensamiento-sentimiento-palabra.

Es más hombre el que tiene una sola mujer, pero ella habla maravillas de el, pues la hace feliz en todos los sentidos, que el que tiene muchas y a todas las tiene llorando y sin un centavo en la mano.

La siguiente lista resulto de: quejas o halagos acerca del cónyuge o del hijo casado. Provenientes de mujeres de diferentes edades y clases sociales, en las quejas sobre todo es algo que a la esposa le gustaría decir, pero no lo hace por miedo a la reacción de su hombre o su hijo.

.- EL SUMINISTRADOR-VENGADOR que cada que se enoja le corta el suministro y hasta el cable de la televisión a la familia.

.- EL GPS descompuesto el que lleva a su pareja a algún lugar y la deja regresar sola. Sin importarle los peligros que pasara.

.- EL PRECAVIDO que desde antes de casarse ya tiene su terrenito y con el paso de los años ya hasta es dueño del pueblito. Pero por tantos hijos regados que tiene por ahí.

.- el CASADO CAZADOR que no le cae el veinte de que lo es y sigue siendo "cazador" ese casanova que la amante va a buscar a la esposa para decir que anda con el o viceversa y ni así toca fondo.

.- EL DESTROYER que con su mal humor todo rompe y luego se queja de pagar la reparación.

.- EL CLÁSICO MACHO que su lema es "la casada es mi mujer, no yo" "la vieja debe de estar en la casa y en la cocina, sin voz ni voto" "aquí el que manda soy yo"

.- EL CLÁSICO MANDILÓN que cuando la mujer es inteligente esta bien, pero que mal cuando es mas burra que el.

.- EL ETERNO DESEMPLEADO que nunca encuentra empleo porque, a todo le pone "Pero", quiere ganar como jefe y su perfil es obrero.

.- EL REPARADOR. No quiere pagar a los especialistas, para ahorrar, lo hace el mismo, solo que en su casa encuentras, la bici colgada en tres partes esperando ser reparada, el radio y todos los electrodomésticos que te puedas imaginar desensamblados, porque el reparador todo empieza y nada termina.

.- EL QUE SE GASTA LO QUE NO TIENE, porque nació para ser rico y se desfundo en el camino. Así decía mi Abue. No compra casa porque no le descuenten en Infonavit, pero que tal la ropa, debe de ser de "marca" y de la mejor tienda de la ciudad. Y arrimado con la suegra, siempre estará.

.- EL ANTI-DROGAS que no tiene nada porque "no le gustan las deudas" no quiere gastar. Vive en casa prestada desde hace 30 años y ni reparaciones le da y sin muebles pero "endrogado" nunca esta.

.- EL SEGUNDON que le hace segunda a su esposa con las peleas entre mujeres, quedando el como "señora chismosa".

.- EL MANDADOR que manda a la esposa o peor aún a los niños por la cerveza

Y aquí las señoras comentan con un cierto dejo de amor y comprensión "me cae tan gordo"

.- EL SIX el que sale por un six al oxxo y ya no regresa

.- EL WORKOHOLIC, se la pasa trabajando, para el no existen fiestas familiares, tradicionales, anuales, porque "primero es el trabajo".

.- EL GOTITAS es el que piensa la mujer es "como los zapatos nuevos con tantito alcochol, afloja" y cobardemente le pone algo en su bebida, para sacar su instinto violador, generalmente es un patan y luego lejos de sentirse mal por lo que hizo la remata al difamar. Y aquí como dice el joto ¡Pero hay un dios! ¿Tendrá hijas?

.- EL EMBORRACHADOR que maliciosamente emborracha a otro para después traicionarlo, culparlo, difamarlo y hasta matarlo.

.- EL DELATOR DE LA FIESTA que llega borracho y a la mañana siguiente

.- EL TOP SECRET que llega muy amoroso o furioso a casa después de estar con la amante.

Hagamos una pausa aquí. Señores, hay infinidad de mujeres que saben perfectamente que existe otra, pero se quedan ahí, tratando de sostener el hogar para sus hijos, haciendo todo lo posible para que no se rompa ese cuadro familiar tan necesario para el sano desarrollo mental de los hijos. Porque los aman y tienen la esperanza que esa "otra" desaparezca pronto de sus vidas, y ustedes retomen el papel de padre amoroso y esposo de una sola pieza. Eso sucederá si ustedes como hombres toman conciencia que solo están utilizando a la otra y a su esposa, y que para los hijos ya no queda mas que una mínima parte de su ser. Que están jugando con los sentimientos de todos, hasta de ustedes mismos. Se requiere de valor para reconocer esto, necesitan amarse más a si mismos, para comenzar a vivir tranquilamente, sin la zozobra de querer estar en dos lugares a la vez, con dos familias diferentes, sin estar ni con una ni con otra totalmente.

Decídanse a pasar el resto de su vida con una sola familia y serán más felices y lograran hacer felices al fin, a los que están a su lado a diario, a su verdadera familia.

.-EL MEDIDITO el que asegura que "yo hago suficiente trayendo el dinero a la casa" o que no contribuye a limpiar la casa porque su trabajo es "salir a trabajar, para mantenerlos"

.-EL CRITICO CULINARIO el que avienta el plato porque "esta comida es una porquería" ¿extrañas a tu mami?

.-EL CABEZA HUECA, el inconciente que su esposa trabaja también y no se le prende el coco que ahora que ella también trabaja tiene que ayudarle con la casa y los hijos.

.-EL MEJOR AMIGO DEL HOMBRE el que prefiere a los amigotes que a su esposa y familia

.-EL ALEGIRCO a la suegra, por eso la odia.

.-EL INCOMPRENDIDO, nadie lo comprende y todos son injustos con el

.-EL CABALLERO EN EXTINSION el que se gasta todo el salario en el table dance

.-EL MARINERO que se enorgullece al decir que ha tenido siete esposas y un amor en cada puerto

.-EL INVISIBLE que golpea a la esposa sicológicamente, tan astuto que la esposa cuando menos acuerda, ya esta en el suelo, el le tiene el pie en el cuello, el orgullo, la dignidad y el corazón rotos, el ego ya es un eco, su seguridad pisoteada, pero nada se ve el daño es adentro.

.-EL BOXEADOR que golpea a la esposa físicamente haciéndola caer en el primer round sin dientes y con el ojo morado.

.-EL MALETERO cada que se "Enoja" con la esposa, hace maleta y se va, se le pasa el berrinche hace maleta y regresa.

.-EL SUPERMAN con la "S" al centro de Seguridad, Sinceridad, Solidaridad, Saludable (física, mental y espiritualmente) Satisfacción comprobable.

.-El ADICTO pero a su esposa, a la familia, a su hogar.

.-EL DESPECHADO que habla pestes de la ¡EX! Lo único que estas demostrando es que un Caballero no eres, porque acuérdate que los verdaderos caballeros no tienen memoria. Pero la mujer en turno ya sabe ahora como te referiras a ella cuando llegue alguna otra.

-EL ULTRAMAN Jactándose en decir no hay vieja que me enamore y agrega ahorita ando con una, ella me quiere mucho pero yo no la amo.

Nota: A lo cual se le contestó ¡Que lastima! Me das, ella es afortunada pues tiene la capacidad de amar pobrecito de ti si tan dañado estas, que haces ahí.

## EL HOMBRE COMO PADRE

.- EL VIOLADOR FRECUENTE hasta que embaraza a la hija y el pobre niño no sabe si llamarle abuelo o papa. Y a la madre hermana o mama.

La chica que comento esto además agrego que la mamá lo sabía, ¡es terrible, lo se!

.-EL SUPER-RESPETUOSO que por el contrario respeta tanto a la hija que ni habla con ella, tal vez no sabe que la seguridad de la mujer depende de la aceptación del padre que es el primer contacto de la niña con el mundo masculino.

.-EL PAPA DE LOS "PAPAYOS" que son los hijos que siempre que se dirigen al papi comienzan la frase con "papa-yo" quiero esto y esto y lo otro, esos yuppies consentidos que su papi les compra desde el carro hasta el consorte. No ven en el padre más que un "cajero automático" que además nunca esta fuera de servicio.

.-EL PADRE NO HAY nunca tiene dinero, llega al colmo hasta de negar a los hijos una cartulina de 2 pesos.

.-EL ALCOHÓLICO PERRUNO que insiste en lamerse las heridas, que quiere que lo comprendan en lugar de comprender. Toco fondo y ahí se quedo

.- EL ALCOHÓLICO BUZO que toco fondo, aprendió y a diario trabaja para ser mejor

.-EL PADRE NO SE que siempre responde a los hijos, no se, dile a tu mamá

.-EL PADRE ¡Bien Padre! Su familia con el contara para toda clase de evento, economicos, sociales, morales y espirituales.

.-EL PADRE COPERFIELD Solo de nombre es, pues desde que desaparecio cuando a la familia dejo, no se sabe de el.

.-EL PADRE BIOLOGICO, Solo fue donante, para dar la vida no para la manutención

.-EL PADRE CRIADOR, que aun cuando no sean sus hijos, les ha dado todo ¡Hasta amor!

.-EL PADRE HIPOCRITON, todo el mundo lo ve como el mejor Padre sin saber que tiene otros hijos a los cuales nego.

## CLASES DE ESPOSA

La mujer es la base de todo, recaen en nosotras tantas responsabilidades, que a veces nos abruman, pero nuestra naturaleza es amor y el amor todo lo vence. Aunque algunas terminan desertando hay otras que se la viven amando, alentando, ayudando.

Estas son comentarios provenientes, no solo de hombres hablando de sus esposas sino también de suegras renegando de las nueras.

.-LA ABNEGADA que todos ven claramente como es maltratada por el esposo e hijos, "pero ese es su deber" estar con ellos, aguantarlos hasta la muerte.

.-LA MANIQUÍ, tu casa bien tirada que no hay ni por donde pasar pero a ti siempre bien maquillada se te vera.

.-LA SÚPER-CLEAN obsesionada con la limpieza que a todos molesta porque esta acechando a ver que momento dejas el vaso para lavarlo.

.-LA COCHINA, su casa esta pidiendo a gritos ¡límpiame! Sus amigas le dicen, oí por ahí que mantener en orden la casa trae buena suerte. Y por más que le mandan pistas de que hay que limpiar ¡no entiende! Y para colmo ella siempre fodonga.

.-LA ENAJENADA, cada que tiene oportunidad repite "mi matrimonio es perfecto", "mi esposo es maravilloso" ¡date cuenta! Muchos al igual que tu están casados y saben que no es así, tan solo ve las estadísticas de los divorcios. Es simple, de lo que tú hablas es perfección y la perfección no existe. Debes decir, gracias a dios lo he sabido conservar.

.-LA NINFOMANA el marido no la llena por mas que se afana. Quien comento esto dice: Mi muchacho ya esta bien flaco, siempre se ve cansado y con unas ojeras.

.-LA "MELINDROSA" mientras menos sexo ¡mejor! Hay algunas que de solo pensarlo hasta flojera les da. Alguien comento aquí: Tengo una compañera de trabajo que le dicen la "sabatina" porque todos saben que ella solo tiene sexo los sábados porque "que flojera, al día siguiente levantarse temprano" el sábado es el único día pues el domingo no trabajo.

.-LA GOLPEADORA, no la hagas enojar porque avienta lo que encuentra a su paso

.-LA ADULTERA, también las hay. Tienen marido y amante.

.-LA GASTALONA, lo que el marido tarda en ganar en una semana, ella lo gasta en un día.

.-LA QUE "SE HACE DE LA VISTA GORDA" sabe perfecto que le ponen el cuerno, pero no hace, ni dice nada.

.-LA PROSTITUTA ACTIVA hay esposos que lo saben y lo aceptan con tal que los mantengan.

.-LA PROTITUTA RETIRADA siempre será criticada, pero ahora que esta en casa es mas fiel que un perro, por puro agradecimiento

.-LA BEBEDORA SOCIAL su familia teme que lleguen las fiestas familiares porque saben que se va a embriagar.

.-LA ALCOHOLICA que ya ni espera la fiesta familiar pues siempre happy la veras y aquí hay dos clases, la que sabe que lo es y a diario trabaja para ser mejor y la que ni conciencia tiene de que lo es.

.-LA CANASTA siempre ayudándole al marido ahorrando, ella siempre a Pan y Agua y el marido gastando el dinero por otro lado.

.-LA DIVORCIADA O SEPARADA que todavía ni finaliza el divorcio y "Ya trae novio". Aquí se ha visto que esta clase de gente se divorcia por segunda ocasión, pues no le dieron reposo a su corazón y se abalanzaron de inmediato a otra relación por despecho. Que resulta igual o peor de desastrosa.

.-LA DESPECHADA que habla pestes de su "EX" cuidado aquí la única que se ventanea eres tu, porque no olvides que el entro a tu vida por tu elección, criticándolo solo estas dejando ver, lo tonta que eres, por no elegir bien.

## LA MUJER COMO MADRE

Es mejor ser una buena madre, que una madre buena y para conseguirlo tenemos que renunciar a la adoración de los hijos por conveniencia, pues al corregirlos para ayudarlos a asumir los compromisos los hace odiarnos pero cuando prueben los frutos de la responsabilidad y justicia los hara adorarnos aunque para eso tengamos que esperar muchos años.

.-LA MAMA "TAPADERA" no le digas a tu papa, haber como le hacemos, esta vez te la paso, pero la próxima le voy a decir a tu papa y la próxima nunca llega.

.-LA MAMA "ACUSADORA" maleducando a los hijos diciéndoles todo el tiempo con toda la dejadez del mundo, "vas a ver ahora que llegue tu papa". Señora para cuando llegue el papa ya se le habrá olvidado al hijo y a usted lo que paso.

.-LA TIA-MAMA Por remordimiento será, pues nunca fue verdadera madre con sus hijos y ahora intenta serlo con los sobrinos ¡claro! Sin lograrlo. Lo seguirá intentando por que estos tampoco le cuestan.

.-LA MAMA-SIRVIENTA que hasta la ropa interior lava, no importa que los hijos ya puedan hacerlo.

.-LA MAMA-HUESPEDES que se va al otro extremo, que cada quien coma lo que pueda, cuando pueda.

.-LA COUGAR WOMAN que le roba el novio a la hija

.-LA PROTECTORA-EXAGERADA que la hija ya tiene 30 y no la deja tener novio, ni quedarse a dormir con alguna amiga.

.-LA MAMA GLOTONA que se repite el plato, y quiere ser mama otra vez ¡de los nietos!

.-LA MAMA QUEJAS siempre quejándose de todos y cada uno de los miembros de su familia, aunque sean perfectos, ella siempre tendrá alguna queja

.-LA QUE TAPA EL SOL CON UN DEDO anda con el ojo morado y preguntas que te paso y responde "Me caí"

.-LA MAMA JUSTA siempre diciendo "El amor, no quita conocimiento"

.-LA MAMA INJUSTA esta viendo que es evidente, innegable que la hija, el hijo, el esposo, se equivoco garrafalmente pero insiste en que ¡Son perfectos!

.-LA MAMA SIN ETAPAS sus hijos ya tienen 4,5. O hasta seis y los alimenta solo con leche ¡Y todavía en Biberón!

Y ahora la conjugación del Yin y el Yan la pareja que en conjunto, deciden que clase de padres serán. A veces, porque generalmente domina uno solamente.

## CLASES DE PADRES

Ser Padres es una gran responsabilidad porque todas nuestras acciones quedan tatuadas en el corazón de los hijos, de modo que a los que actuamos mal mas nos valiera ser estériles y a nuestros hijos mas les valiera ser huérfanos, pues de la manera en que vivamos los padres será la bendición o maldición para los hijos, pues aprenden de nosotros y a diario les estamos enseñando algo con el ejemplo. Cuando los padres practican el favoritismo, le están abriendo la puerta de su hogar a la envidia y al odio y es así como dos hermanos crecen escuchando siempre lo mucho que logra el hermano, lo guapo que es, lo divertido que es y termina por atraparlo la envidia y el odio.

El problema actual: los jóvenes están aprendiendo a caminar por la vida, pero no terminan de aprender a caminar, cuando ya están corriendo y ¡Se caen!

Confunden el amor con el sexo y se apresuran a decir que están enamorados y sin siquiera desearlo concientemente, están formando "familias"; que no se consolidan, pues cuando descubren que el amor es algo muy diferente a sexo, y que la familia es un hermoso compromiso que a ellos les aterra. Se enajenan y quieren seguir en la parranda ¡y lo hacen!

Y todo gracias a que los padres de los adolescentes, los estamos criando como si fueran nuestras mascotas, pues les estamos permitiendo vivir como tal, actuando según su gusto, hago esto por que me gusta y no hago esto porque no me gusta, y su vida es comer y dormir. Esta bien que dicen que nosotros también somos animales, pero racionales, con conciencia alma y espíritu.

Hay que despertar la conciencia propia para enseñarles esto y la conciencia de ellos para que empiecen a ser concientes de sus actos y consecuencia de los mismos y se den cuenta que su magnifica vida, conlleva responsabilidades.

Una vez que nacen los hijos, el cuidar de ellos es constante; al menos hasta que ellos son Padres también, si son pequeños, no les podemos quitar el ojo ni un segundo por miedo a que se caigan, se corten, se quemen, o sean agredidos por otros menos educados. Y siempre debemos de recordar, que esto vuelve a suceder cuando son adolescentes, y el peligro es igual para ambos sexos, un adolescente se puede caer, puede caer en Drogas, Alcohol, o en los brazos de un manipulador, un adolescente se puede cortar, cortar sus oportunidades si se deja influenciar por gente de mal actuar, un adolescente se puede quemar, quemar sus sueños, si cae en el bajo mundo que no le deja ver mas que libertinaje, vicios, y corrupción. Y los padres aquí volvemos a cometer el grave error, que cuando eran niños, cuando eran niños que porque estábamos con la cruda los dejábamos salir todo el día a la calle para poder "Descansar" sin preocuparnos con quien se estaban relacionando allá afuera, o si estaban siendo agredidos por un puñado de niños malcriados, o formando parte de un grupito que movidos por el morbo aprendían algo perturbador para sus inocentes mentes, y ahora que ya son adolescentes los dejamos salir toda la noche, tal vez por el mismo motivo, y con la misma despreocupación.

Comencemos a ocuparnos por los hijos y exigir mientras dependas de mi en todos los sentidos tienes la obligación de respetar y cooperar con el grupo familiar y si no quiere pues que se ponga a trabajar por lo menos así ya no tendrá tiempo de caer en las trampas que nos da el óseo, y mejor aun que le cueste su propio hogar. Vera que ya no le queda tiempo para nada, mas que para trabajar para costear su hogar y corriendo para limpiarlo y al final de cuentas veremos que esto es preferible a que destruyan su futuro y el de nuestros nietos.

Y otra cosa, que esta acabando con el futuro de nuestro país, pues así le llamamos a la Juventud es la alcohol adolescencia, desde los 13 años comienzan a beber, y la bebida los lleva a "aparearse" pues lo hacen por instinto; sin razonar, inconcientemente y el apareamiento nos esta dando una epidemia de madres-adolescentes, ¿y los niños? Las mamás de ellos responden "su hija, tuvo la culpa".

Señora usted también es mujer y ni así se solidariza con la mamá de su futuro nieto, bueno eso seria como aceptar que usted malcrío al muchacho, es más cómodo culpar solo a la mujercita. Se que existe gente buena aun y se que algunas otras mamas mas concientes dirán. Ni modo hijo, a lo hecho, pecho.

Se agrava el problema cuando los abuelos, que ahora son de 35 años en adelante depende de la edad del adolescente en cuestión, no les permiten asumir las consecuencias de sus actos y no le explican ni con palabras, ni con actos al joven, que ser padres es:

Asumir un compromiso de por vida

Que ahora el o ella, ya no cuentan, que todo lo que hagan, de aquí en adelante, será para su hijo

Que tienen la obligación de mantener económica y moralmente su hogar y si no es mucho pedir espiritualmente también, porque si en su hogar se hubiera estimulado, esta parte del ser, no nos encontraríamos en esta epidemia de Mini-Papas "Jugando a la casita".

Pues el ser espirituales nos hace tomar todo con más seriedad, eso no nos exenta de cometer errores, porque somos mortales no dioses, pero si nos ayuda bastante en cuestión de respeto-responsabilidad-compromiso.

Que se acabaron las fiestas y es hora de trabajar para su hijo ¡Pero no, disfrazan la culpa con indignación! Y lo primero que dicen es, no te preocupes hijo(a) aquí esta papi y mami, no estas sola(o). Lavándole las manos al joven de toda culpa evitando con esto que el joven aprenda de su error.

Resultado se llena de hijos que ahora les llaman "errores", vive en unión libre, y es inevitable la desintegración de ese hogar.

Porque los padres no les enseñamos, no les permitimos ser padres a su vez y los jóvenes aun cuando ya tengan su familia siguen siendo hijos de papi y mami.

Y estarán unidos y seguirán procreando solo mientras los Papis los mantengan, alejándolos totalmente de la realidad.

Cuando los dejen solos ellos comenzaran a crecer como individuos primero y luego como pareja, la vida; con el sufrimiento, les ira enseñando a ser Padres, sus mismos hijos les enseñaran como serlo.

Cuando sientan que de ellos y solo de ellos depende que sus hijos tengan pañales, leche, casa, ropa, doctor, escuela será inevitable que se vean a la cara y descubran de que están hechos y saldrán a trabajar por los hijos y que si sus padres salieron adelante, ellos también lo harán y si hay amor de verdad se apoyaran el uno en el otro y ¡Lo lograrán! Y si no, simplemente se separaran, pero por lo menos ya no tendrán un "error" mas.

La pareja se conoce mejor desgraciadamente en situaciones extremas en las malas y en las buenas rachas, en la manera que se apoyan el uno al otro para salir adelante o para disfrutar lo que han logrado.

Pero hoy en día esos matrimonios nunca se conocerán el uno al otro, mientras los padres les solvente la vida a ellos, su pareja y los diez hijos que procrearon y ahí estarán, compartiendo su vida con alguien que ni siquiera conocen, que no saben de que esta hecho, los

Papis les han negado la oportunidad de averiguarlo, les han negado la oportunidad de conocer todo lo mas hermoso de la vida, de conocerse a ellos mismos.

Esto es egoísmo pues están evitando que sus hijos sientan la verdadera satisfacción de ser padres en todos los sentidos, no solo biológicamente y disfrazan este egoísmo con ayuda. Y dicen "nuestro deber de padres es ayudar a nuestro hijo(a)".

Y estoy de acuerdo, hay que ayudarlos y enseñarlos a vivir bien, no a vivir por ellos. Tomando en nuestras manos todas las consecuencias de sus actos, dejándolos a ellos con las manos vacías sin carga ni fruto.

Por eso hoy en día es muy común, que encontremos padres que:

.- LOS PADRES OLVIDADIZOS olvidan a su hijo en el coche ó en el centro comercial en Miami y Texas han muerto muchos bebés por esto.

Lo más increíble aquí, es que la sociedad esta aceptando que ahora se vea a los hijos como bultos y justifica a los padres por el tremendo stress en que vivimos hoy día.

.-PAPA Y MAMA CLAUS los que le compran todo, todo, todito; que ya ni sorpresa le da al pequeño recibir algo

.-LOS PADRES PARRANDEROS los que cada weekend se van de parranda ¿y los hijos? Mañana con la cruda ni quien los aguante.

.-LOS PADRES VANGUARDISTAS los que siempre visten a la moda y los niños a su lado parecen los del ropavejero

.-LOS PADRES FUMADORES INCONCIENTES los que fuman con el niño sentado en sus piernas

.-LOS PADRES QUE DEJAN "SALIR A JUGAR" a sus hijos de 4 años (aquí varían las edades) todo el día con el único fin de ellos "descansar" sin importarles con quien se están relacionando allá afuera.

Respecto a esto, alguien dijo lo siguiente: Un día estaba en el área común de mi fraccionamiento y había una mesa llena de niños, con edades de 11 a 15 años más o menos, uno de ellos tenía computadora y solo Dios sabe que estaban viendo, pero las palabras que usaban eran horribles, ¿y los papas?

Si en ese momento hubiera ido a casa de alguno de ellos preguntando por el niño, estoy segura que la mama hubiera respondido "salio a jugar".

¡No señora! No estaba jugando, estaba aprendiendo todo un repertorio de groserías y viendo porno en la computadora, paginas que el ni siquiera sabia que existían, estaba aprendiendo lo que no debía de sus "compañeros de juego" estaban contaminando su corazoncito.

.-LOS PADRES AUSENTES, nunca hace acto de presencia en la educación del hijo, nunca se le ve en los festivales escolares, cuando al fin llega a hacer acto de presencia en la escuela de los hijos la primera pregunta del director sera ¿No pudieron venir los padres?

.- LOS PADRES ENTENDIDOS DE LA HONRA Y DESENTIDOS DEL GASTO solo es Padre o Madre, para según el corregir al hijo a golpes. No da un centavo para su manutención, pero que pronta tiene la mano para pegar.

.-LOS COMPRADORES DE EDUCACION los que piensan que sus hijos recibirán toda la educación que necesitan en la escuela "para eso, van al mejor colegio"

Reconozcamos que aprendemos con la práctica y esa la tenemos en casa lo que nosotros como padres practicamos en casa, eso es lo que los hijos aprenden. No con la teoría, que es lo que les enseñan en la escuela.

Hoy en día muchas educadoras están sufriendo estas familias mal formadas por la gente de 15 a 30 años.

Sigue el anhelo obsesivo por ese estilo de vida, de la mujer u hombre de negocios, que solo lo logran destruyendo su vida y cuando ya son padres la de los hijos también.

Obviamente estos jovencitos no tienen la menor idea de cómo ser padres y se esta dando una oleada de monstruitos, pues los niños de 4 años ya son pequeños tiranos que dan órdenes y además con malos modales. Y pobre de la educadora que se atreva a darle un castigo al pequeñito, porque inmediatamente llega el padre a reclamar porque le regañaron al hijo. Vergüenza debería de darle el vocabulario que esta usando su hijito, su retoñito en la escuela, el mismo que en casita.

Todos debemos de entender que en casa los que mandan deberían de ser los papas, no los niños de cuatro años, pero si los papas dejan que así sea, ese es su problema y del pobre niño.

Pero en la escuela quien manda es la maestra, el padre de familia solo tiene que agradecer la ardua labor que están haciendo con su hijito, sobre todo en estos casos especiales, en que el niñito dice palabrotas y patea a todos. Es obvio que aquí el maestro tiene doble trabajo, poner al pequeño a practicar los buenos modales que debería practicar en casa y darle la teoría de la escuela.

## EL MATRIMONIO

Ese par de anillos, son el símbolo de COMPROMISO VITALICIO, no accesorios del vestuario para la boda. Representan el ciclo de la vida. El esposo debe defender la honorabilidad de la esposa pero siempre con sentido común, cuidando también que sea una buena mujer, buena nuera, y no de trabajos y amarguras a tus padres, buena madre . El esposo debe ser honestidad pura, pues el hombre se inclina mucho a defenderse con mentiras y es una ofensa para la mujer. Actúan primitivamente desvalorizando a la mujer. Pisotean la dignidad de la mujer. Y la cobardía hace que le pongan a la mujer tentaciones para ver si cae.

Para asumir este compromiso deberíamos ser doblemente ricos, ricos económicamente y ricos espiritualmente, no lo somos, pero deberíamos, y si podemos serlo, pero ese; es otro compromiso, que implica un trabajo diario y de por vida y somos flojos, todo lo queremos, rápido y fácil, o que solo uno trabaje ¿Y el otro? El anillo también nos dice que nos volvemos uno. Así que para ser uno, los dos debemos de trabajar.

Recordando siempre que dependemos el uno del otro. Los hijos de matrimonio son un tesoro que dios nos regalo debemos ataviarlos con la espada de la verdad, el escudo de la honestidad, el casco del valor y hacerlos guerreros del amor, pues dios nos los envía para hacer florecer nuestro amor. Hay que velar hoy en día por ellos, ya que hay tanta corrupción y vicio. Sin embargo hoy los hijos, lejos de ser fuente de felicidad para los padres son muchas veces motivo de pleito, el blanco para clavar nuestras flechas venenosas el uno contra el otro. Ya hemos visto en las noticias "Le quemo la cara a su bebe, por vengarse del esposo"

Algunos le llaman esclavitud por eso empiezan a anhelar la libertad, si fuera así, seriamos esclavos egoístas, narcisistas, nos queremos mas a nosotros mismos que al cónyuge y a los hijos por eso queremos ser libres, cuando es imposible pues ya llevamos en nuestro corazón la marca de esa unión. Muchos aquí se defienden con mentiras haciendo gala de cobardía.

Si no estas casado de igual manera te sirve considerar esto porque recordemos "Como somos de niños-somos de adultos" y "Lo mismo que somos en el noviazgo-seremos en el matrimonio".

Son etapas, en la infancia o noviazgo, somos alegres, felices, todo es fiesta, cuando somos adultos, por alguna motivo perdemos esa alegría y aunque estemos en una fiesta ya no la sentimos, pero nuestro ser es inamovible, en el fondo nuestra esencia es la misma, por eso es muy importante observar al niño interno y no perder de vista los motivos iniciales que nos llevaron a compartir con alguien.

El no respetar las etapas en una relación nos lleva a escuchar a muchos esposos decir "Yo si mi esposa, no quiere, me voy con otra total ella tiene la culpa".

Lo mas hermoso entre una pareja es espontáneo, no planeado, de corazón y no por obligación, deben de coincidir para ese momento y si no entenderlo mutuamente respetuosamente, Si forzan la situación se vuelve abuso, chantaje sin emoción. Y nuestra vida en pareja muy bien podría titularse "Durmiendo con el enemigo" Que desilusión, vivirán infelices uno por violar las reglas y el otro por permitirlo.

Cuando las uniones se dan superficialmente se rompen fácilmente, cuando surgen del fondo del corazón son inquebrantables.

Lo que hace fuerte a un matrimonio es un autentico y genuino amor y este siempre implica honestidad contigo mismo y con el otro, aceptación de los errores del otro porque los propios los perdonamos sin siquiera pensarlo.

Tolerancia, pero aquí caemos en el error, pensando que solo uno tiene que aplicar esto y el otro repite a cada rato y con toda seguridad ¡Si me perdona! "No le queda de otra" "Yo puedo hacer lo que quiera y lo tiene que aguantar" Cuando la otra persona no esta "aguantando" si no "amando" amando a ese ser lleno de soberbia con todos sus defectos y apreciando los muchos o pocos valores que tenga. Y cuando el que ha caído en soberbia haga lo mismo y deje de abusar entonces y solo entonces podrán ser uno. ACEPTACION Y APRECIACION deberían estar grabados en nuestro anillo de boda para que no lo olvidemos con los años.

Evitemos a toda costa actuar aquí con soberbia, traerá la destrucción a nuestra unión como el Lobo Feroz que destroza la casita hecha con un endeble material, así la soberbia destruirá nuestro hogar. Y perdemos toda conexión con el corazón, con la bondad, con el amor, que nos unió, dejamos de creer en el otro, dejamos de creer en dios y por consecuencia en nosotros mismos.

Y comenzamos a escuchar al demonio que nos dice al oído "Yo no se que estoy haciendo aquí", "Yo soy mas que tu" "Puedo ser mas sin ti" "Me las vas a pagar todas juntas" "Ya veras, sin mi te mueres de hambre" "Que gusto me dará verte venirme a rogar" y con todo esto, ¡si! si logramos ser mas, mas miserables, convirtiéndonos en basurita de la sociedad. Para evitar los divorcios debemos aferrarnos a nuestra fe, creer en Dios y creer es obedecer entonces tratemos de verlo a el en nuestro cónyuge.

A diario escuchamos esas bromas acerca del matrimonio, que en principio se dicen con amor y comprensión. "Ya te pegan" "Me tengo que ir, mi látigo me espera" "Me voy a suicidar". Toda broma, tiene adherido un sentimiento y tiene algo de cierto y lo cierto aquí es que tenemos una visión errónea del matrimonio, lo vemos como división, cuando es comunión, como separación cuando es unión, como sometimiento cuando es amor.

Al comienzo todo es vida y dulzura pero olvidando por completo que es primordial decidir juntos, que los dos mandemos y los dos obedezcamos, que tenemos el compromiso de velar por la otra persona dándole protección total con apoyo moral no solo económico y todo con amor no escupiendo a la cara lo mucho que hacemos por esa unión, protegiendo a la otra persona hasta de ella misma, sentir la obligación de controlarnos a nosotros mismos y a la otra persona también cuidando así su salud física, mental, espiritual todo empieza a cambiar, aquí mas que en cualquier otra parte de nuestra vida podemos aplicar eso de "El hombre es fuego, la mujer estopa, llega el Diablo y sopla" y hace su aparición la soberbia y uno se empieza a sentir más que el otro, a sentir que no depende de nadie que es lo máximo, y por arte de magia desaparece la felicidad conyugal haciendo pedazos no solo al soberbio en cuestión si no a toda la familia.

Comenzamos con la lucha por el poder, los dos quieren mandar y ninguno obedecer, hay que recordar que en el matrimonio ninguno es mas que el otro, los dos son exactamente igual, pensamos que teniendo dinero, ya cumplimos y desarrollamos nuestro papel arbitrariamente y no es así, hay mucho mas por hacer.

Un error muy repetitivo es que como dice el dicho "El casado casa quiere" pero no, sobre todo en los matrimonios jóvenes, lo dicho, nos gusta llevar la contraria y contrariando este dicho muy sabio hay vamos a arrimarnos con la suegra, cuando Matrimonio es de dos CASA-DOS Casa de Dos debemos de dejar a los padres y continuar con la pareja, ¡pero no! continuamos con los padres que nunca nos dejan madurar.

## EL DIVORCIO

Nuestro primer pensamiento y sentimiento es "He perdido" de ahí nuestro loco afán por "Ganar". Aquí es donde hacemos Gala de nuestra confusión actual, le estamos llamando "Ganancia" a lo que es una "Perdida total" y quienes fueron unidos por amor ahora se convierten en una transacción mas. Cuando llegamos al Divorcio es porque nos hemos dejado llevar por la maldad y se duerme nuestra conciencia y se despiertan todos los malos sentimientos habidos y por haber, la soberbia es quien origina muchos mas, el orgullo mal encausado, el querernos más a nosotros mismos que a los demás, la cólera que nos lleva a la necedad, la venganza, los dos buscando ser mas que el otro, siempre buscando "Ganar" y quien lo logra al fin cuenta se dará, que la gran casa que gano, no lo podrá acariciar, ni aliento en sus momentos difíciles le dará, las propiedades no le besaran y la cuenta del banco no lo seducirá, como su pareja lo hacia, pues lo material, no puede superar a lo espiritual. Y Aunque se queden con todo viven insatisfechos, pues muy en el fondo han perdido,

Perdieron para empezar la razón, luego el amor, la unión. Que triste es oír decir "Le gane" la casa, el coche ó todo, que ganaron, ganaron su mas terrible derrota. Este es uno de los casos de la vida donde el triunfo se vuelve derrota y la derrota se vuelve triunfo.

Eso es ir contra la corriente, pelear con la vida, solo trae eso Fracaso, este es el vivo ejemplo que ganar no siempre nos engrandece.

Cuando uno de los cónyuges lleno de confusión se marcha, no hay que hacer nada, ni para bien ni para mal, "Solo déjalo ir, si regresa es tuyo, si no, nunca lo fue" y claro al principio nos sentimos derrotados, heridos, engañados, humillados, pero debemos mantenernos estables y no perder el control y poco a poco nos damos cuenta que perder así, es la única manera de realmente ganar.

Ganar tranquilidad sobrepasar a la guerra y saborear la paz. Y si necesitamos llorar, hay que llorar a quien queremos engañar, lo vamos a extrañar, si hasta cuando perdemos una mascota sufrimos con mas razón, cuando perdemos al que nos juro que nos amaba.

Se dan los casos que el que se fue muy confundido, tiempo después vuelve y ni siquiera reclamos recibe y encuentra la puerta abierta, pero se vuelve a ir "El perro que da en tragar huevos, aunque le quiebren el hocico" Pero el que perdona una y otra y otra vez es el que realmente ama, el otro no se ama ni a si mismo. Tiene mucho que superar y depende de cada quien si lo quiere esperar a que madure y crezca. Espiritualmente, mientras hay que aguantar que desaparezca. Pero la unión como la separación es cosa de dos, así que solo escucha a tu corazón.

No te dejes envenenar por los que te alientan a portarte mal, aquí vemos el caso típico de un ciego ayudándole a otro ciego. Generalmente nos apoyamos en quien esta divorciado también, si es cierto ya paso por lo que nosotros estamos pasando nos comprende muy bien, pero no tiene el consejo que necesitamos. Apoyémonos en alguien que tenga un buen matrimonio, nos dará consejos de cómo lo ha conservado, recordemos; cada quien habla de cómo le fue en la feria. Y necesitamos escuchar hablar al que la haya gozado y no al que se haya extraviado en ella.

## CLASES DE ABUELOS

Problema actual: Ya lo vimos en la parte de arriba, que ahora los Abuelos son muy jóvenes y los Padres son unos niños, que no pueden cuidar a otros niños, que son sus hijos y menos si los Abuelos no los enseñan, les parece más cómodo decir "A ver déjamelo, yo lo hago" privando al hijo de la enorme satisfacción, que es ser padre y al nieto de la enorme satisfacción que es tener padres.

Abuelito(a) por más amor que les des a tus nietos ¡Nunca! Podrás remplazar a los verdaderos Padres. Además ya no tienes toda la energía que se necesita para mantener derecho a un adolescente estas tomando una gran responsabilidad con la que ya no puedes, es como decir que eres doctor, sin serlo y te atreves a operar llevando al paciente directo a la muerte.

Abuelitos será mejor que ahora nos llamen entrenadores, hay que entrenar a nuestros hijos a ser padres, soltemos esa responsabilidad ajena que hemos tomado, hay que devolverla al verdadero dueño al verdadero padre. ¡Si se puede! Si en otros países están entrenando niños para matar, nosotros podemos entrenar niños para amar.

.-el abuelo que dice "el casado casa quiere" y no le ayuda al hijo casado a el nadie le ayudo y mucho le ha costado, "Ni tanto que queme al santo, ni tanto que no lo alumbre"

.-el abuelo que se empeña en ser el padre de sus nietos haciendo las labores de los verdaderos padres.

.-el abuelo consentidor pero bien definido y siempre repite "cada quien en su casa, y dios en la de todos"

.-el abuelo etílico, que solo cuando esta en alcohol es amoroso con los nietos

Aquí casi nadie hablo de los abuelitos, los realmente viejitos, para ellos todavía hay respeto o tal vez hay algo de cierto y ya no los vemos como personas, sino como objetos.

## CLASES DE HIJOS

> POR SEVERO QUE SEA UN PADRE JUZGANDO A SU HIJO
> NUNCA SERÁ TAN GRAVE, COMO UN HIJO JUZGANDO
> A SU PADRE (ENRIQUE JARDIEL PONCELA)

No esperes que todo te lo den, actúa por ti mismo, analiza tu conducta, entiende que los resultados en tu vida provienen de tus acciones y dependen enteramente de ti mismo.

Deja de culpar a todos por tus experiencias y comienza a responsabilizarte de ti mismo.

No permitas que te arrebaten tu vida, ¡vívela! ya eres padre o madre, actúa como tal, toma a tus hijos a tu cuidado en todos los aspectos, económico, físico, moral y espiritual

¡Son tuyos! y ¿sabes? ya lo que tu quieras hacer para ti, ya no importa, debiste de hacerlo antes de traer bebes al mundo, ahora ya es tarde para ti, pues para tus hijos apenas comienza la vida, una vida que esta en tus manos, se responsable y si no lo eres no te preocupes, tus hijos te enseñaran mucho mas que tus padres.

.-el hijo de mami, a todos lados va con ella y por eso ni novia tiene, y estos ejemplares van desde un adolescente hasta uno de 40

.-el que para justificar lo desobligado que es, todo el tiempo les grita a los padres "yo no les pedí nacer" que soberana tontería, que ingratitud.

.-el hijo que ya levanto la mano a sus padres, se auto condeno

.-el hijo que deja a sus hijos todos los días al cuidado de los abuelos porque "el y la esposa, son jóvenes y siempre de pachanga"

.-el hijo que tiene 30 y piensa que todavía es obligación de los padres mantenerlo

.-EL EXIGENTE se enoja si la comida no esta lista cuando el llega, si no hay papel o shampoo o cualquier cosa que necesite. Es evidente que no tiene la menor idea del costo de la vida ¿Verdad? Hasta que vivimos solos y nos independizamos económicamente sabemos cuanto cuesta ese papel que hay en el baño, te aseguro que cuando tengas tu casa hasta el periódico tendrás que usar y no precisamente para leerlo.

.-El EGO, EGO, EGOISTA, Solo sus cosas importan, los demás se tienen que manejar de acuerdo a su itinerario, que además ni tiene definido, exige que se le ayude en cuanto lo pide, pero que berrinche hace, si alguien le pide ayuda a el.

## CLASES DE HERMANOS

.-la hermana que recoge los novios que la hermana deja

.-la hermana que deja ir a los novios por no lastimar a la hermana

.-el que toma la ropa prestada y además ni la lava o la rompe porque ni le queda y se la pone a fuerza.

.-el que no presta nada, por higiene, por envidia, por lo que sea

.-el que su lema es "es tu bronca"

.-el que ayuda como puede y siempre que puede, sin esperar a que le pidan ayuda

.-el tapadera, aunque sepa que el hermano anda en "malos pasos" no informa a nadie por que el, no es un chismoso.

.- el chismoso todo el día se la pasa cuidando al hermano y repitiendo "mira mamá"

.-el que se pone en contra de toda la familia por defender a su pareja y esta obrando sin razón y sin justicia.

## CLASES DE LOS MIEMBROS DE LAS FAMILIAS DE TU FAMILIA SIN IMPORTAR SEXO, NI EDAD.

.-EL AUTO-CENSURADOR, no le puedes hacer la menor corrección, porque inmediatamente empieza a insultarse. "si ya se, que no sirvo, para nada bla, bla, bla"

.-LA ETERNA MAMA (sin serlo) que se pasa la vida cuidando los hijos de los demás y ni las gracias le dan.

.-LA TÍA(O) MÁS QUERIDO y mientras tenga para dar y prestar, así será

.-EL SANTANA que pide préstamos de Santana, pues nunca los devolverá

.-EL SOMBRAS NADA MAS el que ahora no es la ni la sombra de lo que fue, su pareja lo ha cambiado tanto y la armonía de la familia también

.-EL SANTO el más santo de la familia del que puedes esperar como ayuda solo una oración, le estas diciendo que no tienes ni para comer, se acaba el taco frente a ti y te dice mi única manera de ayudarte es rezar por ti.

.-EL RENCOROSO sin fundamento, le va como en feria y a todos culpa por su desgracia.

.-EL HEREJE no cree en nada, ¡ni siquiera en el mismo!

.-EL MANTENIDO, al que toda la familia ayuda con su gasto familiar dándole casa, vestido y sustento

.-LA TÍA(O) MÁS ODIADO porque nunca "tapadera" será

.-EL ETERNO INQUILINO, que además no paga renta, le prestaron la casa de recién casado, esta celebrando su vigésimo aniversario de bodas y aun no tomas la decisión de comprar una casa propia o comenzar a pagar renta.

.-EL SOLTERÓN del que todos abusan, pues generalmente tiene el tiempo, el dinero, y el espacio para ayudar.

.-EL BONDADOSO le hacen y le vuelven a hacer y el como cristo poniendo la otra mejilla.

.-LA QUE SE LAS DA DE "SEÑORITA" e hija de familia, aceptando que sus padres registren a su hijo como suyo convirtiendo social y moralmente a su hijo en su hermano.

.-LA MADRE SOLTERA RESPONSABLE que asume su responsabilidad haciéndose cargo de sus hijos en todos los sentidos, independiente y trabajadora.

.-LA MADRE SOLTERA IRRESPONSABLE que sin siquiera decirlo, pedirlo con palabras, solo con actitud les dice a los padres pues a haber como le hacen porque me multiplique.

.-LA OVEJA NEGRA de la familia parrandero, borracho, mujeriego y jugador.

.-EL ANTINARCOTICOS que hasta brinca si le ofreces un trago.

.-EL ABUSADOR el que abusa de todos despertando su lastima

.-EL CUENTAS POR PAGAR el único que paga las cuentas de la casa habiendo más ingresos

.-EL HIPOCONDRIACO el eterno enfermo y que además todos le creen, nadie se da cuenta ni el mismo de lo hipocondríaco que es. Convenientemente se enferma para evadir sus responsabilidades, de esta manera, nadie espera nada de el y de paso se convierte en el centro de atención.

.-EL SANOTE, todo vitaminado, al gym diario, sin vicios y nunca se desvela

.-EL GRADUADO el único universitario de la familia que se siente muy por encima de todos.

.-EL ANTI LIBROS desde la secundaria ya no quiso estudiar, siempre obrero será

.-EL DADIVOSO el que a la familia todo le da y si no tiene lo consigue

.-EL ROPAVEJERO el que roba a la propia familia, monedita donde estas, joyas que pueda empeñar, objetos electrónicos para malbaratar, como el ropavejero pero en casa esta.

.-EL SOCIABLE, que lo encuentras en casa de todos menos en la suya

.-EL ETERNO ESTUDIANTE, ya tiene 30 y no encuentra su vocación, ya todas las universidades lo conocen, más bien es lo que llaman por ahí "huevon".

.-EL CLÁSICO GRADUADO, que trabaja de todo menos de lo que estudio.

.-EL METICHE que insiste en que todos deben de ver la vida como el, vestir, actuar bien según el.

.-EL RESERVADO tan reservado que es como caca de perico "ni huele-ni hiede"

.-LA MOJIGATA que crítica todo y a todos dándose golpes de pecho.

.-EL AGRADECIDO el que se siente muy orgulloso de su familia

.-EL SINVERGUENZA el que se avergüenza de su familia, porque "todos mis amigos son ricos" (los hay que hasta el apellido se cambian)

.-EL SONSACADOR el que se deja, se lo lleva al baile

.-EL AGUAFIESTAS siempre criticando salón, vestimentas, comida, comportamientos

.-EL PROTECTOR el que protege a capa y espada a todas las mujeres de su familia

.-EL FACILITADOR el que expone a todas las mujeres de su familia con sus "amigotes" ¡acuérdate tanto es culpable el que mata a la vaca, como el que le agarra la pata!

.-EL ALAS el que siempre pide, libros, revistas, CD. Prestados y nunca los devuelve su intelecto crece a las costillas de otros.

.-EL LIBRO ABIERTO el que le cuenta todo a todos y no existe en el mundo quien no conozca su vida y sus milagros, siendo su lema "si lo sabe dios, que lo sepa el mundo"

.-LA TUMBA el que es una "tumba" todo se guarda, sea importante o no, aunque casi enloquece por no desahogarse pero sus "labios están sellados".

.-EL AMPLIFICADOR el que esta convencido que siempre sus problemas son los mas grandes, que es el único en la familia en problemas si tratas de explicarle que todos tienen buena y mala racha el siempre agiganta su problema diciendo ¡lo ves! ¡Yo estoy peor!

.-EL NEGADOR el que por el contrario se la pasa negando sus propios problemas y los de los demás diciendo "se ahogan en un vaso de agua"

.-EL SÚPER-NEGATIVO, se la pasa apagando las ideas de los demás asegurándoles que "no es una buena idea"

.-EL SÚPER-POSITIVO, por más descabellada que sea la idea afirma ¡si se puede!

.-EL SOÑADOR, siempre esta exponiendo un "sueño" diferente, proyectos que nunca lleva a cabo.

.-EL CONFORMISTA, si le dices ¡estudia! te pregunta ¿para que? si le dices sería bueno que te compres una casa, seria el patrimonio para tus hijos y el te dice, vivo con mis papas y esta casa es propia y vuelve a preguntar ¿para que? no tengo necesidad, el nunca tiene necesidades.

.-EL NO VO A TRABAJAR, hasta porque el perico no comió anoche y esta mañana no ha gritado no va a trabajar, y claro debido a esto aquí encontramos 2 personajes en uno el "eterno desempleado".

.-EL PRESUMIDO que se la pasa contando lo mucho que tiene y en que se lo gasta

.-EL QUE "NUNCA TIENE" toda la familia sabe que acaba de recibir 30,000 pero "no tiene"

.-EL PRESTAMISTA el que siempre presta, no importa que no le paguen, el ya sabe que son prestamos de Santana pero su lema es "siempre que me necesiten, ahí estaré"

.-EL INTEGRADOR el que sigue siendo el mismo después de haberse casado y felizmente al cónyuge ha integrado.

.-EL DEDAZO el índice inquieto o mandón y con un dedito das las ordenes sin ton ni son

.-EL TELEPATA el que lee la mente y antes que el mandón mueva el dedito el ya le puso enfrente lo que iba a pedir.

.-EL MORALISTA el que habla de moral y de principios, solo porque no tiene la oportunidad de hacer lo mismo.

.-EL INMORAL el que tiene tantas oportunidades que se le olvidan los principios y la moral

.- EL INFLUYENTE el que influye en su familia para tener armonía y felicidad

.- EL GALLERO el que influye en su familia solo para echarlos a pelear.

.-EL MASOQUISTA el que deja que la familia influya en el para su infelicidad

.-EL CONCIENTE el que deja que la familia influya en el para su felicidad

.-EL QUE AVIENTA LA PIEDRA Y ESCONDE LA MANO el que todos los domingos va a misa solo para decir "perdón, señor, peque, saliendo de aquí a quien jodere"

.-EL ANTIRELIGION el que nunca va a misa pero con todos esta bien.

.-EL TÍTERE todo y todos influyen en el de tal manera que siempre esta cambiando de forma de ser, de pensar, y de hablar.

.-EL AMARILLISTA siempre hablando de la nota roja

.-LA SEÑORITA tienes más de 30 y te haces llamar "señorita" pero abortaste y nadie lo sabe, estas muy equivocada lo sabe dios y lo sabes tú y alguien más por eso aparece aquí.

.-EL CRITICON el soltero que critica a los que ya son padres, no hables antes de tiempo espera a ser padre también, haber si eres tan perfecto.

.-EL PADRE PERFECTO que critica al soltero será envidia o coraje.

.-EL GRAFFITERO aquí ya todos sabemos porque.

## CLASE DE AMIGOS

Definitivamente que la clase de hijo y hermano que te permitan ser en casa será la clase de amigo que seas.

Cuando somos jóvenes damos todo por los amigos, los defendemos a capa y espada inocentemente, pero eso nos lleva hasta a pelear con los padres o con cualquiera que se interponga en esa amistad, pero el tiempo es sabio y hasta que envejecemos, entendemos que los verdaderos amigos están en casa. Ellos son los únicos que nos acompañan a lo largo de nuestras vidas y ahí están. prontos para darte un abrazo si lo necesitas, dándote aliento para seguir adelante, limpiándote las rodillas si es que caes, ayudando a levantarte. Los amigos ellos son solo destellos de diversión, efímeros. Y tarde o temprano desaparecen. Después te darás cuenta que muchos actúan con el paso de los años como si nunca te hubieran conocido "si te vi., ni me acuerdo".

La familia al contrario te dice "acuérdate que siempre estaré aquí para ti".

Cuídate y aléjate de los amigos que te invitan a tomar, que siempre andan "matando el tiempo" esa clase de amigo siempre tratara de convencerte de todas sus creencias negativas:

No hay buenas oportunidades. Lo que ganamos no alcanza. No nos gusta la escuela. No te comprometas. No te arriesgues. No trabajes tanto. No vale la pena.

Esta clase de gente es la que piensa "nacemos, nos reproducimos y morimos"

Sobre todo si lo único que te une a ellos, son las fiestas, el vino, los vicios, ¿te ha pasado, que si estas en problemas te alejas de la "banda"? porque en cuanto tratas de decirles que estas mal, te huyen como si tuvieras algo contagioso.

Es porque simplemente no les importa, tienen prisa por ir a seguir la fiesta, ¡eso, no es amistad! ¡Es complicidad!

.-el pesimista

.-el amigo que invita a tomar

.-el amigo con el que siempre puedes contar

.-el amigo gorrón que nunca paga

.-el amigo esplendido que todo invita

.-el amigo 2 caras

.-el amigo grafitero

# GRAFFITI

El problema actual es que ya dejo de ser cultura urbana, ahora lo utilizan para dañar las propiedades ajenas con rayones, para dejarse mensajes de "banda a banda" y ellos también tienen sentimientos, también se enamoran y le ponen el mensaje a la chica para que sepa que están pensando en ella.

De los miles que están haciendo esto solo uno, tiene talento y puedes apreciar su hermoso dibujo en alguna esquina.

El resto solo esta utilizando las paredes como cesto de su basura sicológica, sacando su odio por el mismo y por el mundo entero y en cada rayón dice este soy yo ¿un rayón? ¡No! eres mas que un dibujo, alguien dijo, un dibujo es una línea que salio a pasear ¿y tu? tu eres un ser que llego para triunfar. Y no lo vas a lograr en el anonimato. Si realmente te apasiona ese arte, ve a la casa de la cultura donde podrás expandir tu creatividad. Si insistes, piensa por un instante:

¿Si saliera por la mañana de mi casa, y descubriera que justo después de que la remodele, alguien amparado por la sombra de la noche vino y me la rayo, y que además no la decoro con un increíble dibujo, sino que la rayoneo sin ton ni son afeándola totalmente, como me sentiría?

¿Estas personas que viven aquí, en esta casa que estoy rayoneando, tendrán el dinero suficiente para reparar el daño, que le estoy causando a su propiedad con mi graffiti?

¿Estas personas que viven aquí, son los responsables de cómo me siento interiormente, saben de mi rabia, de mi impotencia al no poder sobresalir en nada, de cómo me han humillado otros? ¡No! ni siquiera te conocen y no tienen nada contra ti. ¿El rayonear esta pared me libera, me hace importante, existe una verdadera razón para que yo haga esto? ¿Porque lo hacen muchachos? lo que se puede ver es que están enojados, con todo y con todos, pero usen esa gran energía que tienen para redecorarse ustedes mismos, sus sentimientos, sus valores.

He visto casas hermosas, nuevecitas, recién pintadas y al día siguiente bien grafiteadas, me inclino a creer que el joven que lo hizo fue porque sintió envidia, tal vez desea tener una casa igual, y cree que nunca pasara. ¡Pobres muchachos, solo dios y ellos saben que sienten! que dios los ayude para que superen, todo lo que tengan que superar y comiencen a ser personas de bien.

# SALIENDO A LA CALLE

## NUESTROS VECINOS

Cuando compras una casa desconoces totalmente con quien convivirás por el resto de tus días, y hay unos que son una verdadera pesadilla. Pobre gente, tiene muchas cosas que vencer aun.

Aquí es donde hacemos más gala del Dios del siglo el dinero, y siempre estamos en competencia con el vecino, con esa obsesión de enfocarnos en los demás queriendo hacer, ser y tener lo que los demás tienen, de modo que comenzaremos con:

.- El Vecino COPION te ha tocado que le compras una Bici a tu hija por que es su regalo de cumpleaños no por mostrar si tienes dinero o no, y al día siguiente la hija del vecino estrena una bici igualita a la de tu hija y además la pequeña pasa como diciendo "Mira tengo una igual".

Los padres por no quedarse atrás ya metieron a su hijita en esta obsesión fija que tenemos por competir.

.- LOS BANDAMAX los que tiene a todo volumen su sonido y además es bandamax a todas horas del día, lo que quieren es molestar.

.-EL LADRON los que cuidan que no estas hasta para llevarse la macetita que esta al pasar

.-LOS CODOS "roban los servicios, agua, luz, cable, por ellos no pagar"

.-LOS MADRUGADORES a las 5 am preparando licuado están

.-LOS TRASNOCHADORES a las 10pm llegan a cenar y además amenizan con su gran stereo y para hablarse entre ellos tienen que gritar.

.-LOS CLAVE MORSE los que te tocan la pared, para hacerte callar

.-LOS PISA Y CORRE los que te tocan el timbre y corriendo se van

.-LOS QUE LES FALLA EL RADAR los que a tu puerta llegan para decirte "le puede bajar a su tele, por favor." cuando no tienes más que el sonido normal. Cuando el verdadero ruido a dos casas esta.

.-LOS CIEGOS, SORDOS Y MUDOS los que aunque grites ¡ayúdenme! no salen, pero de todo enterados están

.-LOS INVESTIGADORES los que todo el tiempo están "espiando" por su ventana no importa que llegues a 3 a.m. Siempre ahí los veras. Pero si los necesitas, nunca saldrán

.-LOS VECINOS DE VERDAD los que siempre amables te dicen, si nos necesita aquí estamos.

.-LOS LIMPIADORES los que te barren tu calle o riegan tu jardín, se ve que son felices y tienen para dar.

.-LOS TEPOROCHOS, temes el fin de semana porque ahí están en la calle, con su fogata, sus cheves y su bandamax.

.-LOS TRABAJADORES, tiene su carpintería al frente en su garaje y todo el día serruchando esta

.-LOS TRIPLE A, siempre gritando a todo lo que dan, aventando las cosas por el balcón y en unas horas besitos se dan.

## NUESTRO VECINDARIO

Cualquiera que sea, esta dentro de nuestra casa que es nuestro planeta, y en todos hay gente buena y mala y así se proyectan porque así se sienten. La verdad es que todos tenemos lo bueno y lo malo dentro de nosotros, solo es cuestión de decidir quienes queremos ser. Todos colaboramos con el desarrollo social actual y es nuestra única herencia para nuestros hijos.

Dejemos de pensar, de sentir, de decir: "estoy en mi casa" "yo, en mi casa hago lo que quiero"

Ese es nuestro mayor problema, si solo por un instante entendiéramos y aceptáramos que "tu casa" esta en "nuestra casa" y que además no vives en la montaña mas alta donde nadie puede escuchar como contaminas el ambiente con tu gran estereo a deshoras. Por dios santo hoy en día nos ha tocado vivir en fraccionamientos de interés social, donde tenemos que compartir la misma barda. Nos podemos oír perfectamente hasta al eructar. Aprendamos a vivir en armonía, a respetarnos primero a nosotros mismos y luego a los demás.

Hagamos uso de los "salones de fiesta" si es que queremos hacer retumbar las paredes con el sonido, dejemos de molestarnos unos a otros y vivamos en paz.

EL VECINDARIO DE MAL A MUERTE, PLAGADO DE LA ESCORIA DE LA SOCIEDAD.

En este punto a quien dio esta clasificación le puedo decir que la escoria la encontramos en todos lados. Pero desgraciadamente lo malo, lo recalcamos cuando se es pobre, un rico puede estar actuando igual o peor pero nadie lo nota, de ahí el dicho "El vino en el pobre es borrachera y en el rico es alegría" El vino emborracha a todos por igual y nadie bajo los efectos de este, actúa bien.

EL VECINDARIO DEFINIDO COMO "ENTORNO RESIDENCIAL"

Donde todo sobra menos los buenos modales y la paz. Aquí "Nadie quiere ser Sota, todos quieren ser reyes"

EL VECINDARIO NORMAL ENCUENTRAS DE TODO PERO SEGURO ESTARÁS

Note que estos son los más antiguos de la ciudad, donde las personas se conocen de mucho tiempo atrás, nadie se mete con nadie, ni para bien, ni para mal. Además la construcción de las casas es más fuerte y tienen mucha privacidad.

EL VECINDARIO DE ENSUEÑO donde todos tienen una hermosa amistad y siempre dispuestos a ayudarse unos a otros están. Son los barrios.

# SALIENDO A LA CALLE

## COMPORTAMIENTO SOCIAL

En el trayecto diario de la casa a la oficina, hemos tenido que soportar más de una vez el comportamiento de la sociedad, sobre todo de los conductores de automóviles, ya sean servidores públicos o particulares.

¿Qué clase de conductor eres?

Porque esta bien visto que el "carro" es una capsula que no se que tiene pero en cuanto entramos en ella nos transformamos y generalmente para mal.

En la película transformers lo que se transforma es el carro en la vida real lo que se transforma es el conductor.

A los caballeros se les olvida que son caballeros y lejos de cederle el paso a las mujeres, les avientan el carro encima, aceleran y gritan obscenidades o hacen ademanes de la misma índole.

A las mujeres se nos olvida que somos damas, perdemos todo el glamour, nos convertimos en un trailero más.

Claro que hay una minoría que su gran personalidad permanece intacta, conducen moderadamente, ceden el paso, respetan señales de vialidad y semáforos.

## CONDUCTORES PARTICULARES

La próxima vez que subas a tu auto obsérvate a ti mismo y descubre en que te transformas al entrar en esta capsula donde se esparce el lado obscuro de tu personalidad.

.- EL ALEMÁN, se le ha olvidado todo por completo, las señales de vialidad, los semáforos y los modales.

.- EL BRITNEY siempre haciendo esa famosa seña con el dedo.

.- EL INDECISO, va en una calle con 3 carriles y va a dar vuelta a la izquierda y además en u ¡pero va en el tercer carril totalmente a la derecha! y les avienta el carro a las dos primeras líneas para cumplir su objetivo.

.-EL TORTUGO va a 20 km.ph, pero cuidado si lo rebasas, porque inmediatamente se prende y te rebasa el a ti ¡solo para ponerse delante de ti nuevamente y abarcando los dos carriles! hasta que el destino es bondadoso contigo y el tortugo da vuelta, tú puedes seguir tu camino.

.-EL SPLASH cuando llueve se da vuelo y si no hasta charcos busca, pero hasta se pega a la orilla y acelera para mojar a los transeúntes.

.-EL SPEEDY GONZÁLEZ siempre va a 150 Km. ph. Y hasta te ve por el retrovisor con ojos de ¡que lento!

.-EL CELULÍTICO siempre usando el celular, va usando dos carriles, va como el tortugo, de repente da vuelta y no pone direccional o pone direccional a la izquierda y da vuelta a la derecha, pero su llamada ¡no la corta!

.-EL DJ su sonido es más potente que el de la mejor discoteca de la ciudad.

.-LA SEÑORA GORDA CON CANASTA, hay dos largas filas y el se sube hasta la banqueta, se pone delante de todos y además se pasa el semáforo.

.-EL HISTÉRICO esta en una fila, él es el carro numero diez, además esta el semáforo en rojo pero el bipea al de adelante y hasta le hace señas de ¡muévase! ¡Perdón! ¿Además de histérico, esta ciego?

.-EL ANTI-REFLEJOS el semáforo tiene dos minutos en verde y el no arranca

.-EL VALENTÓN, ¡ni lo veas! porque baja del carro, sacándose el cinturón

.-EL SUPERFARO te avienta las altas y va a unos centímetros detrás de ti con cara de ¡quítate de mi camino!

.-EL EXORCISTA va a toda velocidad, pero no pierde detalle de la edecán que ve al pasar,

.-EL ALI-BA-BA-ALI-VA-VIENE que por ir viendo un trasero hasta se sube a la banqueta.

.-EL TUERTO va en un camino súper obscuro, de alta velocidad y va con una sola luz, piensas que es una moto y apenas lo alcanzas a esquivar, cuando ves que es un auto ¡con una sola luz!

.-EL COMODÍN llegas a un cruce donde es uno a uno y cuando cedes el paso, no pasa uno ¡pasan tres!

.-EL INSULTOR ni siquiera respeta al sexo débil y hace gala de todas las señales manuales, faciales y de sonido que conoce y por supuesto que cierra con broche de oro gritando "tenia que ser vieja" ¡cuando además fue el, el que cometió la infracción de vialidad!

.-EL RÁPIDO Y FURIOSO con esa obsesión constante de ganar se pone a tu lado, acelera y te ve con cara de triunfo diciendo ¡te gane!

.-EL CULEBRA va en zigzag rebasando a la izquierda y a la derecha con cara de ¡bola de retrasados!

.-EL BRATZ solo pide verlo de pasadita, porque si te toca en un alto que tortura, hurgándose la nariz hasta llegar a la coronilla y elegantemente lo hace bolita y lo tira por la ventanilla.

.-EL TRANSPORTADOR usa la calcomanía de minusválido ¡sin serlo!

.-EL PIC-NIC se estaciona a media calle, solo para comprar un antojito y con todas las puertas abiertas ¿y el tráfico? todos pasan con "cuidadito" para no abollarle su puerta,

Esto se da bastante afuera de las escuelas o parques de diversión.

.-EL ACAPARADOR siempre ocupa dos espacios, pues se estaciona en medio, si va en un camino de dos carriles, ¡va en medio de los dos carriles!

Por nuestra propia seguridad y la de los demás, es importante que nos despejemos de todo mal sentimiento, pensamiento, resentimiento, mal humor, antes de subir al auto; si es que vamos a conducirlo, concientizarnos que esos arrebatos, no solo nos ponen en peligro de morir nosotros; si no personas inocente que nada tienen que ver con nuestro mal día.

Es evidente que cuando reaccionamos así al conducir es porque traemos mas de un problema personal en la mente, pero los de afuera ¡no lo saben, y no tienen la culpa de lo que tu estas sintiendo en ese preciso momento en que vas conduciendo!

Una vez me rebaso un automóvil, note que iba por lo menos a 120 kph, y a unos cuantos kilómetros hay un cruce de tres, al llegar ahí vi. Al mismo carro que me había rebasado tomando parte de un aparatoso accidente y al día siguiente vi en el periódico que habían muerto, una señora y su bebe y el señor estaba en el hospital. (Quién conducía era el señor)

No permitamos que la prisa nos haga caer en estas trampas mortales.

"mientras más prisa llevemos, mas lento debemos de conducir, porque el nerviosismo no nos permite estar concientes y alertas"

Es preferible llegar tarde, que ya no llegar porque morimos. Y ahí se acabo nuestra prisa, nuestra vida y la vida de ese alguien que tuvo la desgracia de cruzarse contigo.

Dios es grande y a pesar de todo esto, cada mañana podemos decir. Por fin se acabo la carrera, ya llegamos al trabajo y gracias a dios, sanos y salvos.

## SERVIDORES PUBLICOS

El 99.9% de estos empleados tiene malos modales hay un 1% que son personas decentes, honradas y respetuosas.

Y como siempre comenzamos con los jefes, y estos son los jefes del desastre. Hablaremos de.

## CHOFERES DE AUTOBUSES

Con el camión muy grande, pero el cerebro pequeño, tan pequeño que se les olvida que están en horas de trabajo, que la unidad no es suya, que son unos humildes empleados pero muy importantes porque muchas vidas dependen de ellos, tanto las que van a bordo de la unidad como las que transitan por la calle ¡pero no!

Se sienten los dueños tanto del camión como de la calle y de las vidas de los que viajan con ellos.

Empiezan y terminan el día "jugando" a que están en la película de rápido y furioso.

Se han convertido en maquinas asesinas "pero les vale".

Tal vez es normal en ellos, por su bajo nivel cultural, pero que hay del dueño de la

Línea de autobuses, porque no hace nada para terminar con esto.

Cuantos niños, ancianos y personas en general más tienen que morir bajo las llantas de estos autobuses, cuantos más tiene que morir porque "le quieren ganar al tren". Para que el dueño de la línea empiece a invertir en educar a sus empleados, ampliando la cultura de sus chóferes, en proporcionarles cursos, los cursos que sean necesarios para que se concienticen de lo importante de su labor.

Ahora hablemos un poco de lo que "sufrimos" con ellos, cuando hacemos uso de su servicio.

Estas subiendo y ni te da tiempo a realizar esta acción porque arranca el camión, cerrando la puerta antes de tiempo "aplastándote con ella"

El camión va súper lleno y todavía no localizas un lugar de donde puedas sostenerte cuando arrancan, tirandote con buena suerte sobre alguien más si no directo al piso.

Le gritas, en la parada por favor, pero como va jugando a rápido y furioso, se pasa de largo e insistes ¡bajan! y todavía cínicamente te dice en la próxima parada.

Ignoran a las ancianitas que quieren subir al autobús, (aunque estén en la parada) ¡no las suben! y las que ya están arriba terminan aplastadas por la puerta, pues al "chof" se le olvida que ellas requieren de más tiempo para bajar.

Pero a las "señoritas" sobre todo a las de muy buen ver, hasta las "esperan". Y ahí viene la señorita corriendo desde una cuadra antes de la esquina y ¡ni siquiera es parada! pero las suben y las reciben con la mejor de las sonrisas, aunque estén chimuelos y para arrancar esperan hasta que la señorita encuentra en donde sentarse o de donde agarrarse y hasta entonces con la sonrisa aun iluminando su rostro ponen en marcha el autobús. Pero antes se aseguran que la señorita no resulte lastimada.

Acaba de subir la señorita y alguien pensando si a ella la subió y no era parada a mi me puede bajar en la siguiente esquina, que me queda perfecto a donde voy y muy confiado amable y sonriendo le pregunta al chofer ¿me puede bajar en la esquina por favor? el chofer sin voltear a verlo y además pasando el alto ¡claro! tiene que recuperar el tiempo que perdió esperando a la señorita. Contesta con tono cortante ¡la próxima parada esta a cuatro cuadras! y al llegar a esa parada ¡se la pasa! porque ya "el de atrás" le viene alcanzando, así que terminas pagando otro autobús que te regrese al centro.

No terminas de entenderlos, te aplastan con la puerta, te tiran, te atropellan, te chocan, se pasan el alto, se pasan las paradas con la justificación de siempre "nos toman el tiempo" pero para tu mala suerte por las mañanas cuando mas prisa llevas por llegar a trabajar a tiempo.

Ellos van tomando el café, platicando con el amigo que va de copiloto o la novia, disfrutando de la mañana, haciendo una parada de 5 min. En cada esquina.

Tu única salvación es que "el de atrás" aparezca para que en el que tú vas empiece su carrera de rápido y furioso ¡no vas a llegar a tiempo! pero si alcanzas a llegar con el margen de tolerancia.

Rompen todas las reglas habidas y por haber, la única regla que nunca romperán es que si olvidaste tu credencial de estudiante o de la tercera edad y no se las presentas tienes que pagar pasaje completo ¡chof! que no estas viendo al chavo o chava con su uniforme y su mochilota o al anciano doblándose de viejo ¡por dios santo!

¡No te hagas chof! tú esposa con tus hijos, tu novia, tus amigotes, todos los días viajan gratis, el anciano y los estudiantes ¡te están pagando la mitad!

Y no olvidemos a esos chóferes que convierten el autobús en salón de baile banda Max, con grandes bocinas, luces neon y su peluche en el tablero, con el nombre de la novia como emblema o el zapatito de bebe colgando.

gracias a dios nunca se olvidan de el, siempre vemos una gran imagen, tal vez para que los proteja de todas las tarugadas que hacen a lo largo del día, y seguramente por el ruido que traen son a los que "se ha llevado el tren" ¡claro! con tanto ruido nunca van a escuchar que el tren se aproxima.

Desgraciadamente en estos casos siempre el "chof" queda vivo, pues muchos de los pasajeros mueren.

También existen los chóferes que parecen "viejas" como ellos les llaman a las mujeres. Pues se pasan el día faltándole el respeto a todas las usuarias poniéndose con ellas al "dime y te diré".

Los chóferes que se sienten "adrián Fernández" estos son los chóferes que manejan los autobuses que tú necesitas para viajar de ciudad a ciudad. Y van según ellos "librando el camino" a ciento veinte por hora con la música a todo lo que da, sin importarles que los pasajeros no pueden ni escuchar claramente su película, porque su música llena el autobús. Y además va recordando el 10 de mayo a todo el que se atraviesa en su camino. Y cuando llegan a su destino si los pasajeros tuvieron suerte y no se voltearon a medio camino, con la actitud de un gran pistolero enfundando su pistola, abren la puerta y le gritan a los pasajeros ¡servidos! querrás decir ¡llegamos vivos!

Y te indignas mas cuando ves ese logo con letras grandes a lo largo del autobús "viaje seguro" ¡que! acaso es un chiste de humor negro. Debería decir viaje seguro a la muerte. Al bajar de ese autobús lo único que puedes hacer es besar la tierra, llegaste a salvo y cruzar los dedos para no volverte a topar con ese energúmeno que dice ser "servidor publico"

## TAXISTAS

Dice el rancherito es lo mesmo que lo gesmo, bueno tenemos que ser honestos aquí encontramos un porcentaje del 2% con buenos modales, son educados, están limpios, sus carros impecables, y conducen a una velocidad moderada.

Pero el 98% no, tal vez antes de ser taxistas eran chóferes de autobús.

Con ellos sufrimos muchos de los detalles que sufrimos con los autobuses, solo habría que agregar algunas cosas mas que los chóferes de autobús no hacen, porque no tienen la oportunidad, si no harían lo mismo ¡sin dudarlo!

cuantas veces te ha tocado que estas visitando otra ciudad, por supuesto que "se te ve, que no eres de por aquí" sobre todo porque preguntas por una dirección que esta precisamente a una cuadra, o es la misma cuadra pero por la otra calle, o preguntas por un edificio y estas exactamente a espaldas del mismo, el taxista lo sabe, pero no te lo dice, te sube, te da la vuelta a la manzana y con el mayor de los cinismos te dice jovialmente ¡cien pesos amigo! ¡Amigo! cuanto te hubiera cobrado si fuera tu enemigo.

Son unos actorazos como se aguantan la risa y fingen que tienen que cruzar toda la ciudad cuando saben perfectamente que tienes que cruzar la calle dar vuelta a la esquina y ahí esta el domicilio al que vas.

Algo muy común es que te subes confiando en que el como buen taxista sabe exactamente donde esta el lugar a donde tu te diriges. y es increíble que te pregunten ¿dónde es? si les das alguna explicación como que esta en la colonia tal, cerca de tal lugar para algunos es suficiente pero para otros no y te vuelven a preguntar ¿por donde me voy?. Si ya conoces la ciudad los puedes ubicar y hasta darles una vía rápida, ¿pero cuando no?, ¿que haces?

La única solución es encontrar un taxista que pueda llegar por si solo a la dirección que buscas y le haces la parada a 20 y solo uno sabe la ruta.

Y lo típico que hacen su agosto con los fuereños y dejan al fuereño en el domicilio indicado y le dicen aquí es son $ 130.00

Al día siguiente el fuereño tiene que regresar al mismo lugar y esta vez encuentra a un taxista honesto "uno entre 10" y el fuereño al llegar a su destino le da 130 y el taxista honesto le dice, me esta dando de mas son $ 60.00

El colmo es que van dos amigos exactamente a la misma calle y deciden compartir el taxi, les toca de 30 a cada uno, el primero llega a su destino y le pide al taxista, me baja en la esquina por favor, el taxista de mala gana se aorilla, baja este y cuando baja la segunda persona dos cuadras mas adelante le paga 60 y el chofer rebate malhumorado son $ 120 fueron dos dejadas. A este taxista ¿quien le pagara todas las veces que el semáforo lo hace parar?

Y no olvidemos al típico taxista-galán, que a todas las mujeres que suben a su taxi las indaga ¿casada o soltera? si responde casada a veces la dejan en paz, pero si contesta soltera inmediatamente se ofrecen para verla mas tarde y tomar un café. Si la mujer contesta no, gracias, a veces la dejan en paz pero a veces empiezan a rondarla a hacerse los que iban pasando y la vi. ¿La llevo? cuando la verdad es que tenían una hora esperando y aunque usted no lo crea así a veces consiguen novia, aunque la mayoría de las veces lo único que consiguen es molestar.

Aunque en este punto cuando las damas en cuestión están ebrias o despechadas ellos son los que resultan acosados.

Una realidad tremenda al menos en mi ciudad es que LOS TAXIS SIN EL LOGO DE RAZON SOCIAL que alguna gente en broma llama los "Pulgosos" se están tomando la Justicia y la Injusticia en sus manos, Y hay muchos comentarios respecto a lo que están haciendo, Se han vuelto una manada de vándalos y van por las calles llenos de prepotencia, despotismo, agresivos totalmente y pobre del que se atreva a ponerse con ellos porque inmediatamente toman su "Radio-Banda" y en un abrir y cerrar de ojos llegan mas taxis de los mismos, sus compinches y otros compinches en carros particulares, bicicleta o hasta corriendo, pero en lo que te lo platico ya hay 25 agresores mas para defender a su "Camarada" y cobardemente los "montoneros" le caen a golpes al infortunado que oso contestarle el insulto a su camarada y haciendo "Justicia" cometen la "Injusticia" de iniciar una batalla 26 contra uno, lo mandan directo al hospital.

Lo peor es que esta manada anda por las calles de la ciudad, atacando mujeres también. Una de ellas relato: Una mañana iba con un poco de prisa para llevar a la escuela a mi hija y tuve que rebasar a alguien que iba a 40 ph. y de pronto salio "Uno de esos taxis" rebasándome el a su vez, pero tuvo que frenar, pues había algunos carros estacionados y tuvo que esperar para volverse a alinear, yo seguí adelante y volví a rebasar a otro, cuando de pronto el taxi casi me da, lo esquive como pude y comenzó a seguirme, aventándome el carro, sin importarle los carros de adelante y atrás, era como si me estuviera obligando a frenar, como pude seguí adelante y el se atravesó totalmente bloqueando toda la calle, me dio miedo; así que maniobre un poco adelante y me subí a la banqueta para poder pasar. Ya el mismo tráfico, no le permitió al taxista, seguir aventándome el carro de la misma forma y me siguió bastante rato, yo ni lo vi. tal vez estaba drogado, borracho o algo, no se porque los dejan salir a trabajar en ese estado y si están tan locos porque les dan licencia para manejar, he pensado en eso todos estos días y la única razón que encuentro, para que haya ese hombre reaccionado así, es que tal vez le dio rabia que el tuvo que parar cuando íbamos rebasando y yo seguí adelante, ha de ser de los hombres que piensan "una vieja no me gana a mi" pero que susto me dio, ¡Pobre Hombre que enfermo esta!.

Y trabajan 24 horas al día y todos estamos en peligro, si nos topamos con algunos de estos, lo mejor es ni verlos porque avientan la mordida los "Wild Dogs" pero eso si, bien Religiosos que hasta en caravana los ves el 12 de Diciembre portando la Imagen de Nuestra Santísima Virgen Patrona de México.

## LOS CAJEROS O CAJERAS EN GENERAL

De Centros Comerciales, Instituciones de Crédito de ahorro y préstamo.

Muchos de nosotros hemos pasado con un cajero(a) que si usted va a depositar le extiende la sonrisa, pero si va a retirar ¡cuidado! si fuera perro lo muerde y de muy mal humor le dice, ¡Cuánto! peor aun si usted se queda desconcertado por el tono y no contesta a tiempo porque inmediatamente exasperado y casi gritando le vuelve a preguntar, ¡cuanto va a retirar! hace toda la operación, muy molesto y agrega. Si no tiene tarjeta para retiros en el cajero automático, solicítela ¿qué les pasa a esas personas? acaso el dinero es suyo, acaso el cajero automático esta recibiendo como el o ella un salario, incluyendo todas las prestaciones. Que se concrete a hacer su trabajo y atienda por igual a todos.

Y que hay de los cajeros que cuando no esta el jefe cerca se ponen a platicar entre ellos y la gente ahí esperando y acumulándose. Después de que leí que lo hacen porque el hacerte esperar les hace sentir importantes de que están tratando de decir que no es un empleado cualquiera y que puede hacer esperar al que se le antoje y que están alimentando a su ego con esta manera de decir, no, no te atiendo. Ahora ya no me enoja tanto esta actitud, ¡Solo se quieren sentir importantes! Y lo son, todos lo somos.

Lo peor es que si el movimiento que usted va a hacer lo puede hacer solo en un numero de caja especifica, solo la institución lo sabe y usted lo sabrá después de esperar una hora y llegar con el cajero y este sin miramientos le diga; esto es en la caja tres, voltea usted a ver la fila de la caja tres y hay una fila doble de la que acaba de salir se tiene que volver a formar y esperar 2 horas mas.

Le ha pasado esperar 40 minutos en una fila esperando para poner 100 de crédito a su celular y después de ver a dos o tres personas que llevan el carrito hasta el tope. Le toca a usted y la cajera le dice no hay sistema para poner tiempo aire.

Porque diablos no hacen unas cartulinas o algo informando que no hay sistema para poner tiempo aire.

Te has topado con la típica cajera que se cree la rápida del oeste, por poco te deja bizco, por la rapidez que cuenta el dinero, te esta pagando 10,000 en diferentes denominaciones, llevas bien la cuenta con los de a 500 pero llegando a los de 200 pierdes la cuenta y en un dos por tres ya esta poniendo de a 100 de a 50 de a 20 y monedas.

Total que no viste si esta todo o no, muy nervioso tomas el dinero para contarlo y la rápida del oeste muy molesta te dice; puede recorrerse, para que pase el siguiente, te recorres y cuentas despacio como tu puedes hacerlo y que crees, te falto uno de la denominación que sea.

Esperas a que se desocupe la rápida del oeste y te acercas a la ventanilla diciendo, por supuesto con miedo porque la rápida del oeste ya te esta viendo con unos ojos que si fueran cuchillos, ya estarías muerto, al fin con voz tenue le dices; disculpe señorita me faltaron 500 y la rápida del oeste ni tarda ni perezosa te señala el letrerito que tiene pegado en la ventanilla, con la leyenda "retirándose de ventanilla no se aceptan reclamaciones".

Tejones porque no hay ardillas y la rápida del oeste no se equivoca nunca.

## LOS EJECUTIVOS DE CUENTA

Instituciones de Crédito, Ahorro y Préstamo

Hoy en día todos vivimos de préstamos y las instituciones de crédito lo saben, seria bueno que reestructuraran el área para ofrecer ese servicio y agilizarlo.

Porque no utilizan Coordinadores de Servicios, para distribuir a los visitantes, según el nivel en el que estén de este proceso, es decir:

Instalar un modulo esencial: donde lleven primero que nada a cabo la revisión del famoso buró de crédito. Así los que inician el tramite para solicitar un crédito ya van a la segura.

Los que llegan por primera vez: solo desean información, saber los requisitos y documentos necesarios para obtener un crédito.

Los que llegan por segunda vez: ya llevan los documentos requeridos para proseguir con el trámite.

Los que llegan por tercera vez: ya van por la respuesta si fue autorizado o no su crédito.

Los que llegan furiosos para hacer una aclaración o poner una queja.

Seria ideal que establecieran diferentes módulos agilizaría enormemente los trámites tanto para la institución de crédito como para los usuarios

De lo contrario de nada les sirve tener 3 ventanillas abiertas, bueno 2 porque siempre hay una con su letrero "fuera de servicio".

Modulo 1—revisión de buró de crédito
Modulo 2—información y entrega de solicitudes para solicitar el crédito
Modulo 3—revisión de documentos
Modulo 4—otorgamiento de créditos
Modulo 5—quejas y aclaraciones.
Modulo 6—copias (el interés sobre interés que cobran por los préstamos bien paga una jodida copia fotostática)

¡Pero no! llega el usuario con su pena moral a flor de piel, pues necesita con urgencia el dinero, toma su turno y espera 40 minutos para que el ejecutivo le pregunte ¿ya lleno su solicitud? primero hay que llenar la solicitud, se va el usuario, llena su solicitud y espera otros 20 minutos, llega con otro ejecutivo y este le dice ¿trae sus documentos?

Necesitamos: credencial de elector, recibo de nomina y comprobante de domicilio, se va el usuario y regresa ya con sus documentos, toma su turno y llega con otro ejecutivo muy contento dice. Aquí esta mi solicitud, y mis documentos y el ejecutivo disimulando que es la primera vez que lo ve en el día le pregunta ¿y sus copias? el usuario ya verde de desesperación le dice no me dijo que necesitaba copias ¿me las puede sacar? ¡Atrás del ejecutivo hay una súper-potente-copiadora! el ejecutivo contesta fríamente, aquí saliendo hay una papelería en la esquina, ahí puede sacarlas. El usuario sale y va a sacar sus copias, regresa y vuelve a tomar su turno, llega con otro ejecutivo, respira hondo como suplicando paciencia señor y le dice al ejecutivo nuevamente, aquí esta mi solicitud, mis documentos con sus copias, el ejecutivo muy profesional comienza a revisar los documentos teclea en la computadora es un proceso de otros 40 minutos y al fin le informa no se le puede otorgar el crédito porque aparece en el buró.

Por dios santo, esto debería ser el primer paso y no el último, si invirtieran los pasos del proceso se ahorrarían muchas solicitudes que no proceden (los costos de imprenta son muy altos) además se ahorrarían tiempo y esfuerzo así estarían menos estresados y podrían tal vez y solo tal vez tratar al usuario como su cliente y no como limosnero.

Deberían de por lo menos tratar, tratar de entender la ignorancia del usuario y reconocer que todo el que solicita créditos esta pagando lo doble con los intereses normales y lo triple con mora, no les cuesta nada sacarles copias de los documentos que requieren, con tantos, con tantos intereses quedan mas que pagadas las dichosas copias.

Entiendan que la empresa para la que ustedes trabajan es la que pone el dinero solicitado, no ustedes. Y su empresa cobra hasta con creces estos prestamos no es ningún favor.

Piensa ejecutivo que gracias a todas estas personas a las que tratas con impaciencia porque no conocen el largo proceso para solicitar un crédito terminan pagando el triple y se consciente, ellos no tienen porque aprenderse el proceso ese es tu trabajo.

Para eso te pagan y tú te sabes el procedimiento de la a a la z precisamente por eso porque es tu trabajo no el de ellos.

Y gracias a todos estos ignorantes tú tienes empleo.

Deberías tenderles alfombra roja y tratarlos cortésmente. Fíjate bien y en sus frentes veras el signo de pesos es tu comisión o bono ¿ahora si les puedes sonreír, ser amable y paciente?

Y no te manches con el otro lado de la moneda, todas las personas que ya recibieron su préstamo y que por lo que quieras y mandes penosamente cayeron en mora.

Son situaciones muy difíciles, entendemos, lo vemos a diario que llegan muy enojadas pero entiéndelas tu, solo trata un poco y te darás cuenta que no es enojo es miedo.

Si existiera un modulo especifico, solo para estos casos te aseguro no llegarían tan enojados, pero el miedo de no saber hasta cuanto asciende exactamente su adeudo en ese momento y la larga espera los hace explotar.

Trátalos bien y tan pronto como te lo permitan hazles saber que estas dispuesto a condonar una parte de intereses y que esa parte será proporcional al día en que piense liquidar te lo aseguro de todos modos tu empresa saldrá ganando y tu también no te hagas, acuérdate de este moroso también se te pago comisión en su momento y mientras mas se tarde en pagar terminara pagándote hasta la risa.

## INSTITUCIONES CON LICENCIA PARA ROBAR

Instituciones de Ahorro y Préstamo que su única herramienta es el ajiotismo, estos son los peores. Podemos decir sin temor a mentir que son los "únicos ladrones, con licencia para robar"

Hay una plaga hoy en día de Empresas Fantasma que abusando de la ignorancia de la población especialmente de comunidades o ranchos les roban con la gran mentira de que les van a prestar y esta gente tan humilde aparentemente, les deposita desde ocho mil pesos hasta cuarenta y ocho mil, con la esperanza de que les presten más y es un préstamo que nunca llega, y a diario escuchas, no de una, de mil empresas de este tipo que están haciendo esto y le preguntas a la persona ¿Y ya demando? Y ellos tan humilde e ignorantemente contestan, no ya para que y lo peor, que vuelven a confiar en otra institución con el mismo patrón de conducta y les timan una y otra y otra vez. Y estas empresas aparecen y desaparecen por doquier ¿y el gobierno? A estos son los que debería investigar inmediatamente y ver si tiene las licencias en regla para trabajar.

Unas personas de un pueblito cercano comentaron que una mujer "Licenciada" les había hecho firmar un papel en blanco y que si les presto y que les estaba cobrando de 2,000.00 veinte mil y que una de ellas que no quiso firmar la mujer la encerró y le dijo que no la dejaba salir hasta que firmara el famoso papel en blanco. Lo más seguro es que "Esa mujer ni Licenciada es" una abusiva, eso es lo que es.

Otro relato de un matrimonio que fue con un "Prestamista" que les presto 50,000 y ahora les estaba cobrando $300,000.00 y que ya les iba a quitar su casa.

Lo único que debemos recordarles a ese puñado de gente abusiva es que existe el Karma, ya lo pagaran y no precisamente con dinero, ni con intereses, si no con creces en su existencia.

Otra manera mas elegante: con mucho esfuerzo al fin logras abrir tu cuenta de ahorros, mientras tengas permanentemente depósitos, aun cuando estés teniendo retiros simultáneos no hay problema, porque no te das cuenta de lo que ellos están tomando de tu dinero. Descubres el robo desgraciadamente en el momento que mas necesitas tu dinero.

Este es el caso por algún motivo dejas tu cuenta con 1,000 y se queda ahí abierta sin reflejar mas depósitos pasa digamos medio año y luego recibes un deposito y tu dices con estos 7 ya tengo 8. llegas a la institución diciendo voy a retirar 8 y el cajero te dice lo siento no tiene los suficientes fondos y te manda con un ejecutivo que tarda una hora en regresar a su escritorio y te explica muy profesionalmente los mil que tenia fueron consumidos por la cuota mensual o algo así y esto fue desde el primer mes que su cuenta dejo de reflejar movimientos ahora aquí esta el deposito que le hicieron por 7 de los cuales solo restan 5 los otros 2 se van a amortizar las cuotas y comisiones por manejo de cuenta de los meses que su cuenta dejo de recibir depósitos de los 5 que le quedan solo puede disponer de 4 si es que quiere conservan la cuenta abierta o retirar los 5 pero necesita cancelar la cuenta.

El usuario muy enojado dice bueno entonces cancele y el ejecutivo muy calmado responde necesita su contrato original por apertura de cuenta para cancelar. El usuario va a su casa llega con el contrato y tiene que esperar otra hora para que el ejecutivo lo atienda y al fin puede retirar su dinero no todo por supuesto aquí se aplicaría como dice la canción de los 8 que tenia de los 8 que tenia ya solo me quedan 4,4,4, que barbaridad es un robo. Y es increíble que con tantos avances tecnológicos no se hayan internacionalizado, pues no pueden aun hacer un pago al extranjero, lo pueden hacer solo que tengas una cuenta con un año de antigüedad, así que si te surge una urgencia estas frito, tienes que esperar un año y pagar un año de comisiones, y mas comisiones.

Ahora poniéndonos del otro lado, es muy cierto que estos empleados tienen una labor muy ardua, imaginémonos nosotros repitiendo el "Proceso para préstamo durante ocho o nueve horas". Teniendo que escuchar una y mil historias, sin contar con que los usuarios del servicio olvidan que "Como te ven, te tratan" y se presentan a solicitar el servicio sin bañar, oliendo a todo y a veces hasta en estado etílico, otras veces con toda la guardería que les evita absorber la información, debido a la inquietud de los pequeñitos. Otras veces con actitudes indebidas como haciéndole sentir al ejecutivo que "El ya sabe todo eso, incluso sabe más que el" que el ejecutivo se queda con las ganas de decirle "Gusta pasar del otro lado, del escritorio" otras veces el usuario hace hincapié mas de una vez que "El en poco tiempo, va a tener mas, incluso de lo que ahora esta solicitando como préstamo" Lo cual es completamente innecesario; pues es bien sabido que todo el que llega a solicitar un préstamo es porque no tiene y en ese momento es lo único que importa.

Porque no entendemos que el que estemos en problemas económicos no es sinónimo de estar peleados con el baño y que el ir a solicitar un prestamos es algo engorroso hasta para nosotros como adultos y dejamos de someter a los niños a que soporten mínimo cuarenta minutos en una oficina.

Si llegamos bien bañaditos, sin niños, sin historias tan largas que se convierten en novelas, entendiendo que al ejecutivo no le importa nuestra historia, únicamente saber como y de donde vamos a pagar y sobre todo con la humildad que requiere la situación de aceptar que no lo sabemos todo, dejar que el ejecutivo nos de la información, y si se puede tomar nota por que es muy cierto que el usuario escucha y entiende la mitad, pero nunca acepta que no lo entendió o que lo olvido y acusa al ejecutivo que nunca le informo a pesar de que el ejecutivo pregunta ¿alguna duda? Y siempre escucha no, todo quedo claro y sobre todo aceptando que si estamos ahí es porque en ese momento tenemos la necesidad, no importa que en quince días "Tendremos".

Con todo lo anterior contribuimos a que estos empleados no se estresen tanto y que por uno la paguen los que llegan después.

Esta bien es su trabajo para eso les pagan; pero así como es necesario que ellos nos entiendan hay que hacer lo mismo por ellos.

# TRABAJADORES INDEPENDIENTES

También servidores públicos

Aquí encontramos a los Plomeros, Electricistas, Carpinteros, Albañiles, Mecánicos.

La mayoría de ellos abusan cuando el cliente es una mujer con su eterna frase de "es vieja, no sabe" le cobran lo doble y además utilizan material barato o peor usado, para hacerle el trabajo, asegurando con esto, que usted los vuelva a llamar en poco tiempo. Saben que los va a volver a necesitar.

Este es el caso de un vendedor de baterías para carro:

Le llama el cliente y es mujer. Diciéndole disculpe me puede traer una batería para tal modelo y tal año.

El Vendedor: claro serian 800 por la batería mas 150 por llevársela a donde este y colocarla

El cliente responde esta bien, aquí lo espero, después de 3 horas llega el tipo y además con una batería que no es.

La cliente no sabe nada de carros pero puede ver y ve perfectamente que la batería vieja y la nueva no son iguales, la nueva tiene una saliente que incluso evita cerrar el cofre, ¡por dios santo! este tipo piensa que su clienta es retrasada mental o que.

Su clienta le dice: Señor estas dos baterías tienen diferente forma

Y el tipo tan fresco como una lechuga le dice pero si le sirve es lo mismo

No señor, responde la clienta, no es lo mismo, con la batería que me pretende vender ni siquiera cierra el cofre, disculpe que le hice venir hasta acá pero no la quiero

Y es el colmo cuando el tipo contesta son 150 por haber venido hasta acá

La clienta no quiere discutir con el y le paga

¿Qué estaba cubriendo con esos 150? ¿La ida y vuelta a su negocio? seria el costo de 2 servicios normales de taxi o 50 de gasolina que necesito para llegar ahí ¿la asesoria? ¡Cual! si llego con una batería que no era.

Otro caso de un plomero:

Cliente: Tengo una fuga de agua, a que hora puede venir
Plomero: En dos horas
Cliente: Llegando el plomero, le muestra donde esta la fuga
Plomero: Saca un rollo de cinta y se la pega al tubo, diciendo 150 por favor.

LOS TENDEROS (las tienditas de la esquina de tu casa)

Todos hemos visitado la tiendita de la esquina, entonces sabrás que en la tiendita de la esquina encuentras las siguientes clases de tenderos:

EL SÚPER ENOJON.- mal encarado con voz de gendarme mal pagado

EL BEBEDOR SOCIAL.- ebrio desde las 10 am por que el mismo es su mejor cliente aunque venda cerveza no se la tome al menos no si esta atendiendo su tiendita.

EL CHISMOSO.- tan tan chismoso que le dicen la campana y lo piensas mucho para ir a la tiendita porque te pregunta tu vida y te platica la vida de todos en el vecindario. No sea chismoso recuerde el respeto al derecho ajeno es la paz.

LA TENDERA CELOSA.- te hecha ojos de pistola porque su marido te esta atendiendo y aventándolo a el y gritando a ti te pregunta que va a llevar.

LA TENDERA COQUETA.- que siempre esta con shorts o minifalda y gran escote y que solo tiene sonrisas para el sexo masculino.

Guarda tu ropa de playa para cuando vayas de vacaciones y ponte a trabajar.

EL TENDERO GALÁN.- que siempre que vas te dice que mas linda, sin darse cuenta que la esposa esta detrás de el, echando chispas y pobre de ti si regresas por que la esposa te atenderá y te tratara con el látigo de su desprecio.

No le echen piropos a sus clientas, corren el riesgo que ya no compren mas ahí

Señoras tenderas no sean celosas se ven tan ridículas, es simple nieguen a su esposo la entrada a la tienda, métanlo en su closet que no lo vea nadie.

EL TENDERO ANTI-CAMBIO.- le pagas con un billete y te dice no trae cambio, le dices no, te contesta jalando lo que tu ya tienes en la mano, lo siento no tengo cambio.

No olvide su objetivo es vender y no educar a la gente a que pague exactamente lo que es, no niegues el producto, mejor busca cambio

TENDERO CORRUPTOR DE MENORES.- le vende cerveza y cigarros a los niños solo porque el niño dijo que son para su papa. No vendan estos productos a menores, no importa que conozcan a sus padres.

El que tiene tienda que la atienda y que la atienda bien

Tus clientes que además son tus vecinos no tienen que aguantar tus malos modales vas a quebrar.

## LA OFICINA

Ese divertido show matutino donde no importa sexo, clase social y nivel jerárquico, ahí todos tienen la libertad de escoger quien quiere ser; y así encontramos un obrero que tiene los modales de un licenciado y a un licenciado que tiene los modales de obrero.

Y como lo primero es lo primero comenzamos con el jefe. Así que; Si eres jefe te encontraras aquí

Recuerda que tú también empezaste desde abajo, no permitas que la altura de tu jerarquía te embriague., te hará perder el control y ya no tendrás el dominio de lo que eras en principio eso lo que haya sido, era bueno pues te ayudo a ser jefe:

EL JEFE QUE SELECCIONA A SU SECRETARIA POR "2 GRANDES RAZONES". La de mayor volumen o mas bonita casualmente es la "única que paso el examen". Pero cuando comienza a trabajar, todos se dan cuenta que levanta el teléfono al revés y se le olvidan los recados.

Y como nunca falta una "Betty la fea" en todas las oficinas, ella termina capacitando a esta "monada" que generalmente escala de puesto tan rápidamente como un gran montañista hasta que llega a Secre del director.

EL JEFE QUE ES JEFE, GRACIAS A QUE ES EL SUEGRO DEL DUEÑO DE LA EMPRESA

Así que están en constante búsqueda de alguien que sepa hacer el trabajo del jefe o sea un asistente. Porque además de que se le dio al Jefe el puesto "Peladito y en la boca" es déspota y prepotente y además acosador.

EL JEFE QUE LE DICE AL SUBORDINADO "YO NUNCA ME EQUIVOCO"

En otras palabras, si yo me equivoco es tu culpa y si tú te equivocas mayormente.

## EL JEFE QUE QUIERE HACER DE SU SUBORDINADO SU EMPLEADO PERSONAL

Recuerda jefe, tu subordinado y tu, ambos trabajan para la misma empresa, si quieres un empleado personal, contrátalo por tu cuenta, puede ser el mismo ¡claro, que si! pero ¿de a como no?

## EL JEFE QUE HACE DE SU SUBORDINADO SU "DAMA DE COMPAÑÍA"

El pobre asistente tiene que hacer horas extra para reponer el tiempo que pasa afuera con su jefe.

## EL JEFE QUE A DIARIO ESTA MARCANDO LA DIFERENCIA DE JERARQUÍAS

Termina convirtiéndose en una verdadera molestia su complejo de superioridad

## EL JEFE QUE HACE DE SU SUBORDINADO SU PAÑO DE LÁGRIMAS

Reclamándole después que no termino su trabajo a tiempo

## EL JEFE QUE SOLO PORQUE ALGUNO "LE CAE MAL" ES ANTI PROFESIONAL SE LO AGARRA DE "OJERIZA", lo trae entre ceja y ceja y le hace la vida imposible.

## EL JEFE RATERO DE IDEAS LABORALES

Su asistente es un genio pero nadie lo sabe, solo el. Frente al resto de la compañía el es el genio.

## EL JEFE CON MALOS MODALES nunca dice "por favor" nunca da las "gracias" cuando habla "escupe" y no hace nada para modificarlo y en su "rato-tote-libre" ¡se corta las uñas de los pies, sobre el escritorio! Bombardeando con sus uñas al asistente. Cada 5

minutos dice una maldición, en el mejor de los casos refiriéndose a objetos y en el peor de los casos al mismo asistente. Se urga la nariz frecuentemente, mas de uno lo ha visto

EL JEFE QUE ACOSA SEXUALMENTE, no solo a su secretaria, sino al personal femenino de limpieza las que son soberbias caen con más frecuencia, se mueren, se pelean por "andar con el jefe".

## EL JEFE QUE DE LA FIESTA SE VA DIRECTO A LA OFICINA

Así que llega con la misma ropa del día de ayer y oliendo a todo.

## EL JEFE QUE PROMETE Y PROMETE Y ¡NADA!

EL JEFE QUE TODOS LOS DÍAS LLEGA DE MAL HUMOR (no hay nada, que lo justifique)

EL JEFE CAPRICHUDO que despide inmediatamente a quien rompe una de sus "reglas personales" no de la empresa. Nadie puede llegar 5 minutos tarde Nadie puede terminar su jornada, si no termina todo el trabajo del día. Nadie puede pedir permisos Nadie puede tomar un minutos más del marcado para el lunch ¡Solo su compadre! solo su compadre, puede hacer lo mismo que el que es jefe. Aunque existan muchos mas que están arriba de su "compa" en jerarquía.

Sr. empresario sus empleados son su ejercito y la manzana podrida puede ser un empleado del cargo mas alto y con mas antigüedad, o bien uno de nuevo ingreso, o hasta uno de sus familiares que aparecen en su nomina, puede estar haciendo de las suyas y usted lo ignora por completo.

## EJECUTIVOS QUE ROBAN

Continuando con lo anterior así hasta evitaría los robos que frecuentemente hacen los ejecutivos a las empresas. Comenzando por las facturas que ingresan en su pago de viáticos ó gastos de representación, esta es la manera más directa, la manera indirecta de robar hay ejecutivos que consiguen hasta $30,000.00 extras. Vendiendo desperdicio industrial, ese dinero se debería sumar a las utilidades de la empresa y salir con el "reparto de utilidades" y no salir en el bolsillo de uno solo de sus empleados aunque sea muy "ejecutivo". Sobre todo por que ese abusivo además de robar esta utilizando a su personal para cargar todo el material que esta vendiendo.

Así que señor empresario revise su basura, vea cuanto puede obtener de ella y beneficie a todos los que forman parte de su empresa no solo a uno.

## EL EMPLEADO SUBORDINADO

No importa por lo que estés pasando nunca te dejes manipular por la situación, utiliza todo los conocimientos que posees, tu sentido común, hasta tu intuición, pero retoma el control, emocional, mental espiritual. Trata de sentir tu energía esa fuerza interna consérvala y hazla crecer, no permitas que la apague el medio ambiente en que te estés desarrollando y reflexiona siempre antes de decidir. Nunca te conformes con lo que tienes siempre podrás lograr mas.

### EL EMPLEADO QUE SIEMPRE LLEGA TARDE
Y todavía llega a tomar café, y luego al baño y en el baño participa en los chismes de oficina, de modo que llega a su escritorio 2 horas tarde, pero tiene un cómplice que llega temprano y marca su tarjeta en el reloj checador, siempre a tiempo, de modo que ambos lo hacen son cómplices, y así siguen siendo los empleados perfectos.

### EL EMPLEADO QUE CON "TODOS SE LLEVA BIEN"
Solo para enterarse de la vida y los milagros de cada quien. Querrás decir "chismea bien"

### EL EMPLEADO CON MAYOR ANTIGÜEDAD
Ya tiene muchos años trabajando ahí, sabe todas las "mañas" para hacer "trinquete".

De modo que sigue trabajando para la empresa y al mismo tiempo "inicio su propio negocio" tomando la inversión para este de su empresa. ¿Es robo? ¡No! "es el jefe".

## EL EMPLEADO "LAME-BOTAS"

El clásico "barbero", pero solo con el jefe, con los demás es déspota y prepotente.

Generalmente es ojos y oídos del jefe, cuidado si hablas mal del jefe o de la compañía frente a el, porque al día siguiente estas fuera.

## EL EMPLEADO QUE SE LA PASA "LAMPAREANDO"

Tiene agudizado su radar para "oler" cuando se aproxima el jefe y hace como que trabaja, apaga su PC y limpia su escritorio media hora antes No le quita la vista al reloj para salir corriendo en cuanto se marque la hora de salida

## EMPLEADOS QUE RENUNCIAN

Aquí unos ejemplos de porque los empleados renuncian, léalas con el corazón, póngase en los zapatos de esos empleados y por un segundo, solo un segundo de su valioso tiempo pregúntese ¿yo aguantaría eso? le aseguro que su respuesta será no

Le contratan como secretaria luego con una amabilidad fingida le dicen "en un tiempecito que tengas limpia un poco la oficina., en el cuarto del fondo encontraras con que.

"hoy no tengo tiempo de ir a depositar, ¿puedes ir? y esto luego se vuelve cotidiano, al aceptar hacerlo el empleado lo ha sumado a sus responsabilidades laborales y así se le van sumando a diario nuevas actividades, pero cuando la secretaria- sirvienta-office boy. Pide un aumento se le niega rotundamente, obviamente que en cuanto esta secretaria encuentre una mejor oportunidad la tomara y renunciara ¿usted no lo haría?

¿No esta a diario en la búsqueda de mejoras?

Nosotros los empleados también lo estamos.

Un patrón que a todos sus empleados les grita en su cara pexxxjo, cree que todos sus empleados soportaran esto ¿usted Sr. empresario aguantaría que alguien le llamara así, por el motivo que fuera? Yo creo que no, seguramente muchos renunciaran

Este fue el caso de un señor de negocios un extranjero que llego a nuestro país y rento nuestra tierra a campesinos que no supieron o no quisieron trabajarla, pagándoles una bicoca como renta contratando el, mano de obra con un salario que da risa. Es patrón de una empresa que tiene administrativos, mecánicos y trabajadores de campo. Llamándoles a todos como ya dije antes.

Lo que pude ver aquí es; que lo mas triste es que, como es el capitán son los marineros y los muy malinchistas de los empleados siguen el patrón del patrón y el gato de arriba le llama al gato de abajo de la misma manera.

Que te destituyan y además te informen que te disminuirán el salario, también es motivo de renuncia.

El caso de dos enfermeras en horario nocturno, una de ellas es la amante del director del hospital. El cual le hace visitas conyugales nocturnas dejando el cargo de todo el turno a una sola de las enfermeras por supuesto que la enfermera que tiene que cubrir a la amante del director termina renunciando.

Llegas a cubrir un puesto de auxiliar administrativo pero tu jefe directo te trata muy mal, tu hablas directamente con el pidiéndole que te diga que le molesta de ti y el muy irónico te contesta todo.

Y no voy a descansar hasta que renuncies al cabo del tiempo te enteras que lo que el busca es que el puesto quede vacío pues quiere que regrese la otra señorita su amante para variar tu le informas de esto al jefe de tu jefe pero no encuentras ningún apoyo así que terminas renunciando después de llorar los despotismos y sabotaje de todos los días al finalizar la jornada por todo un mes.

Algunas empresas engañan diciendo el puesto tiene mucha responsabilidad, son muchas actividades las que tienes que realizar y además necesitamos que tengas "disponibilidad" de tiempo, lo cual únicamente lo simplifican diciendo; es decir sabemos a que horas entras pero nunca a que horas saldrás y luego como retándote te preguntan ¿tienes algún problemas con esto?

Claro, que tu; empleado en busca de trabajo responderás que no, porque necesitas el empleo y aquí viene el engaño: te daremos un contrato temporal por un mes con el salario mínimo, si das el ancho te quedas y te doblamos el sueldo. Pasan 3 o 6 meses y el salario es el mismo por supuesto que este empleado terminara renunciando también.

Y este es el caso mas típico, el empleado que abusa de otro empleado, se da donde quiera, los empleados con antigüedad le hacen la vida imposible al nuevo y la saben hacer son muy hipócritas obviamente al jefe le dan otra cara pero a su compañero lo tratan con mano dura y este maltrato va desde un simple rechazo hasta sabotaje laboral y la realidad es que el nuevo siempre termina perdiendo o lo despiden o renuncia no hay de otra.

Se han dado casos que el que esta saliendo y tiene que entregar, simplemente no lo hace. Su resentimiento con la empresa no le permite enseñarle al nuevo y se concreta a decir al jefe el nuevo no aprende y el jefe sigue en la búsqueda de quien cubra su puesto y el empleado que venia cubriendo ese puesto se siente héroe, indispensable según el nadie puede hacer su trabajo.

aquí se puede ver la cruda realidad del mundo occidental, somos materialistas competitivos, envidiosos, y egoístas todos queremos ser el numero 1, nos negamos a compartir nuestros conocimientos, en cuanto vemos que alguien puede ser mas que nosotros lo jalamos hacia abajo para que no sobresalga, pero nosotros tampoco hacemos nada para sobresalir tristemente es así. Recuerdo el caso de una señorita amargada muy amargada que se hizo vieja con el negocio donde prestaba sus servicios llego a los 15 años de edad, podemos decir que tenia 30 años de antigüedad saboteaba a todas las nuevas y llego hasta a robar culpando a las nuevas, teniendo como cómplices a empleados de mas bajo rango que eran sus familiares y estaban ahí por influencia de ella. Supongo que se prestaban a esto por devolverle el favor.

Que pasa con estos empleados han olvidado su primer día de trabajo, cuando ellos eran los nuevos. Ya no recuerdan que hubo alguien que les enseño, los ayudo a crecer, les dio seguridad y con buena suerte los hizo sentir como en casa ¿entonces porque devuelven a la vida mal por bien?

Las señoritas nuevas terminaban pagando lo que ella robaba y renunciando pues no les convenía trabajar para pagar los robos de la fundadora del negocio

Y después de pasar por todo esto, el empleado queda etiquetado como inestable, como empleado problema.

Señor empresario usted querrá decir inteligente y tiene razón el no tiene lugar en su empresa, su empresa esta formada por tontos y el no lo es.

Empleados que demandan

Aquí algunos ejemplos motivos de demanda donde la única culpable fue la empresa, no el trabajador:

Termina tu horario de trabajo, estipulado en tu contrato y el chofer de la empresa te busca porque el jefe te solicita fuera de horas de oficina, tu accedes únicamente por conservar tu empleo y luego resulta que se te acusa y agrede por este motivo pues algún otro empleado sin saber lo que pasa realmente va y le lleva la información al esposo (sa) del jefe y este te agrede. Tu no tienes porque soportar esto demanda, además después de esto ten la seguridad que te van a despedir.

Tu nuevo jefe además de ser de nuevo ingreso en la empresa al parecer es nuevo en el puesto también pues el llegar a este puesto lo llena de despotismo y decide que no es valido que un empleado como tu que gracias a la experiencia que le ha dado el pasar por varios puestos en la empresa le ha dado la oportunidad de cubrir un puesto de mayor importancia pues el quiere que alguien que tenga en la mano el papel que a ti te hace falta y le falte la experiencia que a ti te sobre y que un día llegue con las manos en la cintura y te diga ese puesto es para un profesionista pero no te preocupes no voy a dejarte sin empleo tu te regresas a tu puesto anterior por supuesto te tendré que bajar el sueldo pero antes quiero que me capacites a este licenciado para que ocupe tu puesto.

Este tipo esta descerebrado por ley no se puede disminuir el salario, no aceptes, no te sometas, no capacites demanda

Si finaliza tu contrato por tiempo determinado y recursos humanos te extiende tu contrato por tiempo indeterminado y al rato llega tu jefe directo diciendo que tu contrato expiro. No firmes renuncia demanda.

Te contratan para una actividad específica en un determinado lugar de trabajo y luego requieren tus servicios en otras actividades y en otros lugares de trabajo no lo permitas demanda

Muchos pagan y contratan por un servicio y terminan tomando al empleado de mil usos y con un solo salario que de por si es miserable.

A continuación el caso de un doctor, contrato a una enfermera y después quería que esta fuera la sirvienta de cada una de sus hijas, pues la mandaba a casa de estas a limpiar, además quería que hiciera tamales para otra de sus hijas que tenia un local.

Cuando la enfermera dijo que era mucho trabajo y que además ella fue contratada como enfermera, no como sirvienta, ni cocinera, el doctorcito la acuso de insubordinación despidiéndola y además diciéndole no te voy a pagar y haz lo que quieras que abuso.

Oiga doctor el que quiere azul celeste que le cueste si quiere tener contentas a sus hijas y además su consultorio atendido necesita el siguiente personal:

2 o 3 sirvientas según el número de hijas casadas que tenga
1 cocinera para hacer tamales
1 enfermera para su consultorio
1 persona de limpieza para su consultorio

Lo ve una sola persona estaba haciendo el trabajo de cuatro y la despidió y además sin pago, pero gracias a dios existe el karma ¿ha oído hablar de eso?

Tips

No labores para esas empresas que son el colmo del abuso, esas que te renuevan el contrato cada año, echando al caño tus esfuerzos de 365 días impidiendo con esto que hagas antigüedad necesaria para una buena liquidación cuando te despidan, que alcances los puntos necesarios estipulados por Infonavit para que puedas comprar una vivienda

## PARA ACABAR CON EL ABUSO EMPRESARIAL

No le temas a las demandas, recuerda el Cobarde vive hasta que el Valiente quiere.

Trabaja solo para empresas que te otorguen las prestaciones de ley, sobre todo si tu actividad implica riesgo de trabajo

Asegúrate de firmar un contrato de trabajo, léelo en su totalidad, quédate con una copia

Revisa tu afiliación al IMSS, que tus datos sean los correctos que el salario que aparece ahí sea el que realmente percibes no permitas que si te pagan 4 reporte 2 al IMSS

Eso te perjudica enormemente.

Además las empresas señalan con el dedo a los empleados que por exigir sus derechos se ven envueltos en una demanda, y a los que renuncian, sin pelear sus derechos, sin cobrar lo que se les adeuda.

Aun así siguen siendo mala semilla para las empresas y la empresa dice no lo podemos calificar como buen elementos de trabajo, porque no tiene "estabilidad laboral". Todos sabemos que el control sobre la "estabilidad laboral" lo tiene la empresa, cuando es una buena empresa.

Y acaso el trabajador tiene la culpa de la deshonestidad empresarial, se topa a diario con el abuso y encima queda etiquetado como inestable.

Sr. empresario tal vez usted sea honesto tal vez todos su ejecutivos también, todos sus empleado y obreros lo son porque usted esta verificando a diario que así lo sea; pero la terrible noticia es que el 99.9% restante no lo son.

Y el trabajador se topa a diario con empresas en donde los miembros que las forman hacen de las suyas.

## LAS EMPRESAS PRIVADAS

Hablemos de la incongruencia de la falta de comunicación empresa-gobierno. Desde el punto de vista de la clase trabajadora de México, en cuanto a reglas gubernamentales y empresariales. Tenemos una infraestructura en el campo laboral muy compleja. el 90% de las empresas oprime, abusa del trabajador, no otorga prestaciones de ley, solicita empleados con preparatoria con sueldo de obreros y profesionistas con sueldo de empleados, y a los obreros ni se diga lo que les queda para comer son los "vales de despensa" sin que nadie haga nada.

Lo inverosímil de que el 90% de los empresarios contrata únicamente personal de 18 a 35 años. El 5% de 18 a 45 y el otro 5% hasta 60 años (son los que no ofrecen salario, ni prestaciones es decir con ellos tienes que pagar por trabajar). Si el gobierno jubila a la mujer a los 55 y al hombre a los 60 ¿de que se supone que vamos a vivir los 20 años que tenemos que esperar a recibir nuestra jubilación? dado que el empresario esta "jubilando, mutilando" desde los 35 años.

Que se pongan de acuerdo ¿no? que "jubilen al mismo tiempo" ojala que un político aspirante a presidente contemplara este punto porque lo ideal seria que el empresario de empleo hasta los 60 años o que el gobierno jubile a los 35.

Hay muchísima gente de 36 años en adelante desempleada, profesionistas, con carrera trunca, con prepa, o solo con secundaria, pero sufriendo lo mismo el desempleo y con que nos topamos al abrir el periódico en la sección de empleos: inútil presentarse sin estos requisitos.

Experiencia en el puesto de 2 años

Edad. 18-25 ó 18-35

Disponibilidad de tiempo

Preparatoria terminada

Con automóvil

Las empresas no piden, exigen todo esto "como si pagaran muy bien"

"los requisitos están por los cielos y los salarios por los suelos"

La estructura para el reclutamiento de personal ha cambiado y para mal de todos, en mis tiempos había academias que ofrecían la carrera comercial de "secretaria" ahora ya no es valida, si tienes la preparatoria ya puedes ser secretaria pero en la prepa no se avocan a las actividades propias de una secretaria.

Sin embargo para las empresas de hoy es el estudio mínimo. "para que puedas ocupar un puesto en un centro comercial, acomodando producto en los estantes".

## EMPRESAS DE GOBIERNO

En este punto solo se dará el punto de vista externo, la manera en que atienden al público sus empleados y como son con la gente de afuera.

## EL TÍPICO EMPLEADO DE GOBIERNO

Parece que la prepotencia y despotismo es el único requisito para ser empleado de gobierno.

Se sienten en las nubes y con el derecho real de realizar sus labores de mala gana y maltratar a todo el que se cruce en su camino y cuidado si alguien intenta ponerlos en su lugar porque se ponen al "dime y te diré".

¡Al fin y al cabo, su empleo lo tienen de forma vitalicia! ¡Ni tu, ni nadie, los puede destituir! que importa que como servidores públicos apesten, podríamos llamarles agresores públicos.

Te tratan como si fueras a pedirles limosna, no quiero ni ver al que realmente llega a pedirles limosna.

Mientras más déspotas se comportan, más importantes se sienten y esto es la realidad de todos los días, basta con que por desgracia requieres de sus servicios para que seas su victima, lo podemos ver en las clínicas, de toda institución de gobierno.

Y hablando de despotismo aquí encontramos a otras empresas que no son de gobierno pero realizan sus actividades con el mismo patrón de conducta. También te tratan con la punta del pie. Lastima que no podemos vivir en la obscuridad ni incomunicados.

Estos últimos son los peores y se acentúa en los que tienen trabajando ahí, lo mismo que tu tienes de edad.

Es como si el dirigente de estas empresas les ordenará se déspota y prepotente lo más que puedas, que no te importe que el usuario se queje, al fin y al cabo no hay quien lo escuche. ¡Nos vale!

Que les podemos decir a los directivos de estas empresas, la solidez de una empresa no es lo mismo que intransigencia.

Supervisa mejor a tus empleados ¡sensibilízalos! actúan como robots ¡humanízalos! o ¡adquiere una flotilla de robots! Así no pagarías servicio médico, ni vacaciones, ni reparto de utilidades.

Será mejor que comiencen a remplazar a sus robots por otros robots que no sean tan costosos y si más útiles.

¡Caramba! que le podemos decir a esta gente ¡acuérdense! están ahí gracias al compadre, padrino, al papa, a la mama, al amante que con sus influencias logro este empleo para ustedes. No por sus conocimientos o méritos propios, muchos de ustedes ni terminaron la escuela.

Entonces a que viene tanto despotismo, con ser déspota solo demuestras tu estupidez, tu ignorancia y dejas ver que eres un malagradecido.

Solo imagínense en la fila de los desempleados por un segundo pónganse en los zapatos de los indigentes, eso les haría ver que sin su "flamante empleo" son igual que el resto del mundo y se darían cuenta lo bendecidos que son y empezarían a ser amorosos.

¡Ya te echaron la mano! Y gracias a tus "palancas" ya eres parte de esa compañía "tan importante", ahora te toca a ti, es lo mínimo que puedes hacer.

Se agradecido con la vida, con dios, con tu "palanca" y demuestra que realmente eres digno de formar parte de ese equipo y por dios santo ¡desarrolla, tu trabajo, con amor y respeto a ti mismo y a los demás! ¡Se amable con todos!

También entiendo que después de 20 o 40 años en el mismo empleo, te sientes harto, pero nadie tiene la culpa de eso. Además algún precio tienes que pagar por tomar parte de esa "empresa, tan. Tan importante" por tener asegurada tu pensión ¿no?

La prepotencia y despotismo de los empleados de las grandes empresas"

A todos los que forman parte de una gran empresa les ruego que recuerden, no son objetos inanimados como los logos y lemas de su empresa ¡son seres humanos! ¡Humanícense!

Si el dueño de la empresa no razona sensibilícenlo, no permitan que sigan sucediendo estas injusticias laborales.

Ustedes son los que deberían estar manejando la empresa, no permitan que la empresa los maneje a ustedes.

Despójense de tanto despotismo y prepotencia ¡piensen! ahora son jóvenes, hoy tienen empleo ¿y mañana? cuando sean viejos si corren con suerte contaran con una pensión, si no. su empresa los despedirá con una patada en el trasero como ha hecho con muchos ya. y les puedo decir que las empresas no esperan a que estés realmente viejo para dejarte desempleado puede pasar en cualquier momento, cualquier día tu numero desaparecerá en la nomina, no esperes hasta ese momento para demostrar tu agradecimiento con la vida por estar en tan buena posición tratando a todos amablemente sobre todo si eres un servidor publico. Ayuda como en un momento alguien te ayudo a ti.

Recordemos las empresas por si mismas no son malas, ni buenas, son sus ejecutivos y empleados los responsables de que la empresa sea:

Negrera
Bajos salarios
Evada impuestos a costa de sus trabajadores
Jornada laboral de 12 horas diarias

Favoritismos (sin importar la capacidad que se tenga)
Injusticias laborales
Despido injustificado

Muchos de nosotros los de la clase trabajadora en mas de una ocasión nos hemos visto envueltos en esta injusticia social, cuando el jefe directo muy serio te dice necesito hablar contigo te espero en mi oficina. Te invita a sentarte y luego sin mas ni mas la suelta, estas despedido, si preguntas el porque generalmente la respuesta es son ordenes de arriba cuando la realidad es que es por la prepotencia de tu jefe directo simplemente porque le caes mal o porque ya tiene al compadre al amigo al amante o algún familiar para ocupar tu puesto y gracias a su inconciencia y prepotencia empieza tu calvario en la larga fila de desempleados. En el peor de los casos el motivo es cuando no aceptas su acoso sexual.

TIPS
Si estas viviendo esto:
Acude al departamento de personal
Informa que tu jefe te acaba de despedir, solicita se te promueva para otra área, donde puedas seguir laborando con ellos.
Si no obtienes una respuesta favorable recuerda ¡no firmes renuncia! por ningún motivo
Solicita ver tu finiquito si esta al 100% acéptalo, si no ¡no!
Demanda a la empresa por despido injustificado
Recuerda demandar es un arma de dos filos por un lado podrás hacer que la empresa te pague lo que corresponde por otro lado la empresa dará malas referencia de ti en venganza de la demanda que les levantaste, así que te bloquearan tu camino profesional.
En este punto el gobierno debería tener su corte sus auditores que lleven a juicio a la empresa y al trabajador para discernir el motivo del despido.
Los juicios funcionan; así; tal como lo hacen en las películas americanas para juzgar los malos actos en los miembros de un ejército.
Abuso empresarial sobre la clase obrera

Y aquí surge una injusticia social más ¿por qué las empresas se tapan unas con otras? ¿Por qué si sales de una empresa demandándola las otras empresas te cierran automáticamente las puertas? ¡claro! porque todas las empresas están de acuerdo en reprimir al trabajador abusando de el, muchas empresas ni siquiera te dan una liquidación y muchas otras te dan lo que ellas quieren no lo que marca la ley como liquidación y quien las apunta a ellas con el dedo por haber abusado de esta manera de un ser humano, que dedico parte de su vida para que ellos lograran su éxito profesional ¡nadie! ni siquiera su conciencia porque no tienen, pero cuidado tu trabajador si demandaste a alguna reclamando tus derechos eso te marcara de por vida.

No te sometas al capricho de estos monstruos empresariales demanda y poco a poco entre todos podremos cambiar al menos modificar a nuestro favor esta injusticia social

Tal vez si las demandas por despido injustificado se multiplican las empresas comiencen a tener conciencia.

Y la próxima vez que toque a sus puertas algún empleado que haya demandado a otra empresa, se tomen la molestia de analizar su caso, desligando responsabilidades. Así podrán discernir quien tiene la razón y así dejaran de mutilar a diario al trabajador, que lo único que hizo fue pelear por sus derechos.

El despido injustificado por ende nos lleva al:

Desempleo

Terreno muy fértil para todo el abusivo que busca que trabajen para él sin pagar por ello un solo peso, o para el vendedor de toda clase de productos que vende con engaño prometiendo un empleo, o manejando la ilusion de todos de poner tu negocio propio y asi le quitan al pobre lo único que tiene para pasar la semana, engañándolo vilmente con la mentira de "trabaje desde casa, etiquetando producto"

Y basta con abrir el periódico esta tapizado de anuncios de este tipo y una buena empresa nunca te va a pedir que le compres nada y mucho menos que sea el requisito para que labores con ellos. Como lo hacen las empresas fantasmas

Empresas fantasmas

Su manera de actuar es la siguiente:

1.- ponen su anuncio
2.- acondicionan el lugar con grandes imágenes de un carro ultimo modelo y un abanico de billetes y claro dan en el clavo porque es lo que desean y necesitan sus oyentes.
3.- reclutan en grupo
4.- utilizan la debilidad mental de los participantes, debido a la crisis económica por la que están pasando.
5.- dan un discurso, donde primero que nada te dejan bien claro que no aceptan interrupciones, después te ponen a soñar "con todo el dinero, que vas a ganar, trabajando tan solo tres horas diarias. ¡Un sueño hoy en día!
6.- el discurso es interactivo porque exigen que respondas a todo lo que te pidan y hacen hincapié que el que no lo haga es porque no le interesa el trabajo y te pedirán que te retires.
7.- recuerdan a la pobre gente el alto índice de desempleo, diciéndole que si los que están ahí no quieren el trabajo hay muchos más que lo están esperando.
8.- regañan a la gente diciéndole que si queremos conseguir algo en la vida no lo vamos a conseguir "buscando trabajo, pidiéndole a dios no encontrar" atacan al oyente sicológicamente en todos sentidos haciéndole sentir que es inminente hacer algo para salir adelante.
9.- hacen hincapié en todos los requisitos que debes de cubrir con las otras empresas. "las empresas reales" sobre todo en la edad. Recalcando que con ellos solo basta que tengas "ganas de trabajar".
10.- te piden la "prueba de trabajo" obviamente después del súper-faster-wash de cerebro, de diez personas 9 aceptan a llevarla a cabo. Con la esperanza claro de obtener un empleo.
11.- la "prueba de trabajo" consiste en que les debes comprar un paquete de perfumes; que además son imitación de los originales, por la cantidad de $1,500 y después tu revenderlos al precio que puedas "para que ganes algo de dinero" en lo

que te llega tu pago por el trabajo que desempeñaras con ellos.

12.-te hacen un contrato de "relación comercial", te dan una credencial, y se despiden con una gran sonrisa, diciendo que ellos te avisan en "cuanto llegue el producto" para que pases a recogerlo y te lo lleves a casa a empaquetar.

Nunca te vuelven a llamar, la gran mentira es que son vendedores y ellos venden y ganan y tú invertiste lo que tenias para la semana en asegurar tu empleo con ellos, empleo que no existe.

Y esto se ha convertido en una plaga, al menos en mi ciudad. Esta por demás decir que se han podido mantener debido al alto índice de desempleo y a la desesperación de la gente por conseguir uno. Al menos yo se de ellos desde hace dos años.

nota: ya deben de haber encontrado gente que regresa a reclamar el engaño, pues repetidamente dicen, "por favor si tienen algo que decir, díganlo aquí y a nosotros la "empresa". No salgan gritándolo allá afuera ni a sus compañeros, ellos no les van a resolver nada.

Solo espero que mucha gente lea esto y esten muy alerta y ya no haya gente que sufra este abuso.

## LOS VENDEDORES

Una opción dentro del desempleo es ser vendedor, promotor, asesor, o ejecutivo que es lo mismo.

La sociedad los rechaza, los ve como una peste, "una molestia" como si fueran leprosos. Somos insensibles porque "nosotros si trabajamos" tenemos la dicha de contar con un empleo, un salario, prestaciones, vacaciones, aguinaldo, fondo de ahorro y ellos no. No sabemos como se siente trabajar gratis y siempre con la esperanza de vender.

Sentimos que nos tiene que rogar si es que quiere ganar algo, lo hacemos dar vueltas y vueltas, lo dejamos plantado con todas las citas que nos pide, cuando identificamos su teléfono ya ni le contestamos, el vendedor se da perfecta cuenta de todo esto y decide "dejar que lo pienses" y cuando te vuelve a llamar con toda la crueldad del mundo le dices, "ya compre" como ya no me llamo. ¿Se te olvidan todos los folletos que te entrego en varias ocasiones, folletos o cartas en las que aparecía su nombre, teléfono y correo electrónico, todas las citas con que lo dejaste plantado, todas las llamadas que no atendiste?

¿Cómo te sentirías tú, que después de trabajar quince días arduamente, no te pagarán?

A ti, te paga la empresa, para la cual trabajas, al vendedor le paga el cliente con su compra, si es que compra.

Seamos más concientes de que todos trabajamos el uno, para el otro. Seamos más honestos y si no quieres que te "moleste un vendedor" ¡no finjas, que tienes el dinero o el deseo de comprar! ¡No proporciones tus datos! y si te contacta sin haber tú proporcionado datos, amablemente dile que no estas interesado. Seamos más leales y si estas haciéndole trabajar para darte información es porque le vas a comprar a el y solo a el.

¿Tu empresa te pide desarrolles alguna actividad para ellos y le paga a otro? ¡No verdad! seamos más respetuosos.

Vendedores ó ¿perdedores? como muchos les llaman, pero la verdad es que:

Los vendedores son los desempleados que se emplean a si mismos. Los empresarios los utilizan, son la mejor manera de obtener recursos humanos gratuitamente.

Por lo general son gente de 40 años de edad en adelante, que por la edad ya no tienen oportunidad de conseguir empleo con salario y prestaciones, pertenecen a la larga fila de desempleados pero para ellos esto no es temporal pues se quedan de muestra del desempleo.

Estos son los más explotados de los empleados, pues tienen las mismas responsabilidades de los que reciben un salario, solo que ellos lo hacen gratis.

Solo viven de esperanzas de la esperanza de vender algo y de la esperanza de con suerte cobrar rápido la comisión correspondiente.

Pues las empresas para las que prestan sus servicios gratuitos, lo primero que les dicen es "a echarle ganas" porque ya sabes si vendes ganas, si no, no.

El vendedor es el único empleado que paga por trabajar pues para garantizar su ingreso tiene que invertir primero en lo siguiente:

Gasolina

Internet

Impresora

Copiadora

Teléfono

Mantenimiento del auto

Compra de tinta para copiadora

Hojas Bond

Crédito para celular

La torta para comer en la calle

Estamos hablando de que para iniciar su actividad gasta por lo menos una inversión inicial de 4,000 y así mensualmente hasta que por fin un día cobra su primera comisión 2,700 después de 3 meses cuando ya habrá tenido que poner de su bolsillo 12,000

Al año invierte por mínimo 44,000 y ¿gana? puros corajes sobre todo si es nuevo poco a poco se va dando cuenta que es un mundo lleno de falsedad, traición y robo.

Pues los vendedores más antiguos en la actividad ya se las saben de todas y el pobre vendedor nuevo, trabaja de sol a sol para conseguir posibles clientes, clientes que terminan cerrando la operación, con vendedores mas experimentados, mas experimentados para robar los clientes de sus compañeros.

Si tienes conciencia no podrás ser vendedor o tal vez lo seas pero tus ingresos serán casi nulos.

El vendedor exitoso, según la fría ley de causa y efecto como lo definen los que requieren de sus servicios debe ser:

Vendedor para que "de resultados" no le debe importar que su cliente se quede sumido en una gran deuda y que termine perdiendo el bien que adquirió, lo importante es vender.

No le importa lo mucho o lo poco que gasto su compañero para conseguir un prospecto en la primera oportunidad le roba el cliente con el aplauso de todos pues es un excelente cerrador.

Un buen vendedor no es leal con nadie, ni con su empresa; pues siempre a escondidas promueve otros productos, ni con su cliente, porque nunca le dirá verdades siempre le mentira para lograr venderle y mucho menos con sus compañeros pues siempre estará ahí en la oficina acechando a los clientes de todos, para robárselos y hacerlos sus clientes

Un buen vendedor es el que mas vende porque vive del trabajo de los demás se hacen llamar cerradores.

No asesores al cliente, solo ¡convéncelo! de que te compre.

Pero para mi el mejor vendedor es el que antepone un buen servicio y eso implica asesoria, independientemente del cierre de la venta. Que te señalen con el dedo porque les informaste todo lo que deberían saber e hicieron una buena compra y por consecuencia te recomiendan con alguien más. Y no porque los engañaste y mira ahora en que problema estas.

Debido al desempleo y la necesidad de emplearnos a nosotros mismos surgen los "comisionistas" explotados por Empresas explotadoras especialistas en "hacer leña del arbol caido". Es decir todas las que promueven y venden sus productos con el trabajo de los "comisionistas" sin pagar un centavo.

Estas Empresas apelan al voluntariado y ponen sus anuncios en el clasificado de empleos y solicitan voluntarios para promover y vender su producto con el siguiente anuncio.

Se solicitan vendedores

Sin tope de edad (por supuesto)

Comisiones de 10,000 a 30,000

Carrera trunca (hasta profesionistas los solicitan)

Con automóvil propio

La realidad que esta gente empieza a trabajar Sin salario Sin prestaciones

Pero eso si le exigen a sus vendedores

Cubrir guardias

Asistir a juntas

Trabajar sábados y domingo

Plan de trabajo

Prospectación

Y para verificar que lo hiciste te piden tu lista de prospectos, lo quieren todo peladito y en la boca.

Y como si no fuera ya demasiado hacer todo esto sin goce de sueldo, cuando el pobre vendedor logra una venta le jinetean la comisión hasta por un año.

Las Empresas Intermediarias son las especialistas en obtener ganancia con los productos de otros, como de la inversión de sus vendedores para promover los mismos.

Explotan al vendedor exactamente de la misma manera que las productoras de dichos productos y su anuncio para solicitar vendedores trae los mismos requisitos.

El gobierno debería cuidar que quien tenga empleados comisionistas les pague por sus servicios. Que emita una nueva ley diciendo todo el que tenga vendedores para promover sus productos deberá pagarles un salario con las debidas prestaciones

## GOBIERNO

Cuando llegara el día que realmente comience a laborar las oficinas de derechos humanos. Pues este bien visto que las empresas se cubren y se defiende unas a otras lo podemos ver en algo tan simple como es el salario el "MINIMO" todos de acuerdo, no diciendo, actuando, nos vamos a enriquecer explotando al ser humano, y el lema de los recursos humanos, es, mano de obra barata sirviendonos de la necesidad. Y a nosotros los empleados ¿quién nos defiende? ¡Nadie!

Si el gobierno realmente pusiera una verdadera defensa para el trabajador las empresas inmediatamente dejarían de actuar así Si les impusiera multas a los empresarios que:

SE AHORRAN UNA BUENA CANTIDAD DE DINERO EN PAGO DE TIEMPO EXTRA CON SUS EMPLEADOS DE CONFIANZA. Debería de imponer la regla pago de tiempo extra para todo el que se quede después de la hora de trabajo.

DISCRIMINAN. POR ALGO TAN SIMPLE COMO ES LA EDAD

DESPIDEN INJUSTIFICADAMENTE. Lograrían recaudar una buena suma que bien se podría usar pues hay muchos huecos que llenar. Seguramente habría menos desempleo y por ende menos rotación de personal. No ve Sr. empresario si evita la rotación exagerada de personal que hay hoy en día se ahorraría miles de pesos en ese constante reclutamiento de personal y por consiguiente capacitación.

Se que prefieren la rotación de personal a pagar el retiro pero a fin de cuentas es lo mismo, lo que gasta a diario en reclutamiento y capacitación es lo que pagaría por el retiro de su personal permanente dentro de 30 años. Con la diferencia que la estabilidad de sus empleados en su empresa se traduciría en mayor eficacia de la misma.

Mi idea más ambiciosa es como un sueño como un espejismo en el desierto. Que el gobierno exija a los empresarios que por cada ingreso y despido que hagan haya un juicio neutral externo solo así sabrían si el empleado es el culpable o el jefe directo.

Solo así los ejecutivos dejarían de darle prioridad a sus amantes, amigos o familiares y tendrían que tomar exactamente al que pasara el examen de conocimientos.

Los maestros dejarían de vender sus plazas.

Los puestos de gobierno también dejarían de vender esos empleos vitalicios, los empleados dejarían de "TRAFICAR" tanto con los vivos como con los muertos. Pues hoy en día hasta con ellos se sacan "Ingresos extras" haciendo como con nuestra madre tierra, sacando los órganos y rellenando con aserrín.

Se acabaría los abusos de jefe-empleado y de empleado antiguo-empleado nuevo

Se acabaría su gran exigencia de con preparatoria terminada y dando sueldo de obrero, si el gobierno estipulara un salario digno para los trabajadores, basando el tabulador de salarios en escolaridad, nivel jerárquico, antigüedad, pues es inverosímil que algunas familias pagan a su sirvienta lo que otro paga a su secretaria.

O que un empleado nuevo entre ganando el doble de lo que esta ganando un empleado que lleva 20 años en la empresa.

Que un maestro de colegio particular tenga el salario mensual de un obrero.

Y hay muchos ejemplos más. Es urgente que el gobierno elabore un tabulador de sueldos digno y justo y cuide celosamente que los empresarios lo respeten.

Dejaríamos de ver el siguiente anuncio en el periódico todos los días

Experiencia en el puesto de 2 años

Edad. 18-25 ó 18-35

Disponibilidad de tiempo

Preparatoria terminada

Incongruencia total si buscan personas de 18 años que es la edad en que se termina la preparatoria, ¿de donde sacaría la experiencia de 2 años? a menos que haya comenzado a trabajar desde los 16 lo cual es imposible porque a esa edad aun no había terminado la prepa, además casi nadie emplea a menores de edad.

Si el gobierno tuviera sistemas para mantener un control total de la manera en que el empresario trata a sus empleados y verificar que pague por cada uno de ellos y les des las prestaciones de ley y revise que reporten el salario real al IMSS, y vigile que el empresario respete la antigüedad del trabajador. Se beneficiaria enormemente con esto, porque recibiría más pago de impuestos y tendría muchas razones para multar. Seguro que el ingreso nacional se multiplicaría.

Multas a los empresarios que discriminan por la edad

Multas a los empresarios que despiden injustificadamente exigiéndoles indemnicen a su trabajador con 3 meses de sueldo. (Con mucha suerte y es lo mínimo que tardas en encontrar otro)

Multa a todo el que no otorgue IMSS a sus trabajadores

Multa a todo el que reporte al IMSS un salario menor al que realmente esta pagando

Multa a todo el que tenga trabajadores con 4 años de antigüedad y con contrato anual renovable asegurándose con esto que el empleado siempre tenga antigüedad de un año, lo cual le afecta al empleado en el importe de su finiquito cuando el empresario decida despedirlo o en la compra de una vivienda ya que Infonavit necesita que el trabajador haya laborado 2 años para otorgarle un crédito,

Si emitiera un tabulador de salarios de acuerdo a la formación académica del personal solicitado. Y exigiera a todos los empresarios pagarlo. No existieran tanta discrepancias como "con preparatoria terminada" y pagándoles como obreros, "profesionistas o carrera trunca" pagándoles como si solo tuvieran preparatoria o sin salario solo bajo comisión como es el caso de muchos vendedores, hay muchas empresas donde el obrero con mas antigüedad gana mas que la misma secretaria que tiene la misma antigüedad.

Si obligara al empresario a tener una jornada laboral diaria de 8 horas y le dejaran en claro que si requiere de una jornada mas larga para mayor éxito de su empresa tendrá que pagar tiempo extra a todos sus empleados incluso a los "empleados de confianza" se acabaría esa eterna frase que encontramos en las entrevistas de trabajo "requerimos disponibilidad de tiempo" "sabemos a que hora entra, pero nunca a que hora sale"

Les aseguro que el empresario se aseguraría de que todos salieran a tiempo y dejaría de pensar que el empleado de confianza no tiene derecho a tiempo extra como si su tabulador de salarios fuera tan justo.

Que se pongan de acuerdo ¿no? que "jubilen al mismo tiempo" ojala que un político aspirante a presidente contemplara este punto porque lo ideal seria que el empresario de empleo hasta los 60 años o que el gobierno jubile a los 35

Porque el gobierno no razona, analiza la estructura, se puede ver claramente no necesitas ser un profesionista, un erudito en la materia para darte cuenta que es descabellado lo que esta sucediendo.

Ahora bien si el gobierno no quiere molestar al señor empresario en lo más mínimo, que nos tramite la jubilación a los 35 y deje a los empresarios continuar con sus intransigencias.

a los mayorcitos de 36 en adelante ¡que nos queda! más que emplearnos a nosotros mismos promocionando los productos de alguien más de a grapa como dicen por ahí., o robar, o ya de plano quedarnos de mantenidos en casa. Porque ya con la inseguridad nacional, ya ni siquiera poner un negocio es la respuesta.

¡Ha, pero eso si! el gobierno te exige ¡paga impuestos! imagínense en este punto a los vendedores, sin salario, invirtiendo a diario para buscar clientes, esperando mínimo 3 meses para cobrar parte de su comisión que cuando llega ellos ya han invertido por lo menos lo triple y tienen que pagar todavía y después de todo comisiones al banco por no haber recibido depósitos en tres meses, impuestos al gobierno y que les queda a ellos.

Porque el gobierno no se da cuenta que los vendedores realmente son desempleados, y piensa si esta desempleado ¿de donde me va a pagar impuestos? ¿Por qué no cobra impuestos solo al que le sobra? Ahora lo más inverosímil los famosos spots de gobierno ahora apoyamos la creatividad de las micro-empresas. Y vas muy ilusionado gritando para tus adentros ¡el gobierno me va a ayudar a poner mi negocio! y llegas y te topas con pared el spot es confuso, deberían decir a "a ti, que ya tienes un negocio, con un año de antigüedad comprobable" te prestamos para que lo hagas crecer. Eso es lo más cerca de lo que ellos ofrecen.

Señores si están ofreciendo créditos para poner negocio como esperan que el sujeto del crédito, tenga ya el negocio establecido si así fuera ya no necesitaría el préstamo.

Pero en todos los ámbitos podemos ver que el Robin Hood de nuestros días esta actuando al reves, dandole al que le sobra y quitandole todo lo que tiene, al que le falta.

Y con toda esta pobreza espiritual que nockeo a nuestra conciencia, sobrevivimos hasta que nos llega:

# LA VEJEZ

Todos sentimos aversión a la vejez en primera instancia por vanidad de ahí el éxito de los cirujanos plásticos, es pura necedad negar nuestra naturaleza, sentimos horror al ver los efectos de la antropia en otros y no nos queremos ver igual, porque aunque hemos visto que la muerte no respeta edad sexo ni posición social, aun asociamos la vejez con la muerte, eso nos hace sentir que estamos un paso más cerca de la muerte, no importa si ya eres viejito o aun eres joven, debes de saber que no importa cuanto vivas, no importa la cantidad, importa la calidad. esto pasa porque solo nos conocemos exteriormente hemos vivido así afuera de la casa pero aun es tiempo de entrar

Y como es muy cierto que nacemos, nos reproducimos y morimos, no podemos dejar de hablar de la muerte.

# LA MUERTE

El final, final de nuestra vida, es increíble que celebremos el día de muertos, cuando la mayoría le tememos tanto a la muerte. En los funerales lloramos y todos por diferente razón, para unos es un recordatorio de lo que nos pasara, somos como los niños en la vacuna, ven que un pequeño sale del consultorio con su algodón en el hombre y llorando y el otro que todavía ni entra llora también ya sabe lo que le espera. Esto nos lleva a la razón que otros tienen para llorar el dolor físico nadie lo queremos pasar. Otros que por amor extrañaran a la persona que se murió, otros por egoísmo porque están pensando en ellos y solo en ellos en ese momento y temen a la soledad. Y otros por arrepentimiento pues en vida maltrataron a la persona que ahora esta siendo despedida. Otros porque será que nos importa tanto el que dirán y la sociedad nos ha enseñado que en un funeral se debe llorar.

A veces atrapados por la soberbia inconciente o concientemente la llamamos, llenos de rabia por no saber luchar en la vida, porque nos estamos agarrando con ella a patadas ¡Queremos morir! Cuando la verdad es que hemos perdido el sentido de la vida. Pero como dicen "Dios no cumple antojos ni endereza jorobados" y "Matrimonio y mortaja del cielo baja" Y "No se muere el que agoniza, sino a quien le toca" Y la muerte es muy fría no le importa lo mucho que sufras o goces si no te toca, no te toca.

Y casi, casi nos dice; ya muchacho deja de hacer berrinche y vete a vivir. Y gracias a Dios nos cansamos de llorar y como niños desvalidos ahí vamos en busca del Padre y el padre con una sonrisa tan

161

amorosa nos dice ¡ahí estas! ¿Donde andabas? Ven, dame un abrazo y entonces nos damos cuenta de la tontería que habíamos pedido, la vida vuelve a brillar, le hemos encontrado sentido. Y pensamos ¡de lo que me hubiera perdido!

Pero siempre habrá otro que sea mas, que tu. Y por eso siempre hay otros más berrinchudos que ni la vida, ni Dios, ni nada los hace cambiar de parecer y deciden tomar lo que es de Dios su vida, se suicidan. La muerte es muy fría seguramente cuando los ve llegar, los mira con desprecio, como diciéndoles; ahora te esperas ahí hasta que te toque. Los suicidas son ladrones de su propia alma, con todo mi respeto, pero eso son, pues han dispuesto de su vida que pertenece a otro a Dios. Y los que matamos se nos puede etiquetar de la misma manera.

Digamos que la vida es una joya muy preciada y el dueño de la joyería es Dios cuando cortamos una vida ya sea la propia o la de otro estamos robando una de las joyas de Dios. Nos convertimos en "Ladrones de Almas" robamos la joyería de Dios.

La muerte es como la Graduación de la Gran Escuela de la Vida, donde recibirás mención honorífica o simplemente tu Certificado, algunos pasaran de "Panzazo", otros desertaron y abandonaron la escuela, no terminaron sus estudios, no se graduaron, se suicidaron.

Otros reprobaron algunas materias y hasta que las pasen recibirán su certificado, ya sin graduación por supuesto. Somos los que asesinamos, hasta que aceptemos que la vida es la joya mas preciada de Dios y podamos sentir un arrepentimiento profundo y sincero de haber cortado esa vida con la convicción de no volver a hacerlo pasaremos la materia que reprobamos.

Nadie escapa de la muerte sin excepción, ni favoritismos, muy cierto. Pero no todos nos graduaremos y mucho menos con mención honorífica, y esto le da un completo sentido a la vida.

Si importa y mucho lo que hagas en vida, tu actuar diario. "Decimos cuando muera, no me voy a llevar nada" Porque neciamente insistimos en las posesiones materiales y el dinero. Pero la verdad es que nos vamos al hoyo con todas nuestras boletas con la calificación que determinara nuestro actuar en vida con las cuales

Dios nos extenderá nuestro certificado y a algunos hasta los graduara con mención honorífica. Viéndolo de otro modo es la aduana que procesa nuestro pasaporte y visa a la otra vida el permiso para pasar a nuestro destino final lo que llamamos eternidad, seguro que los que tienen visa VIP son los que se van directito al cielo.

# SOLUCIONES SOCIALES DE NUESTRO SIGLO

VIVAMOS LA VIDA DISFRUTÁNDOLA COMO NIÑOS, PERO NIÑOS FELICES, BONDADOSOS NO CAPRICHUDOS Y ACTUÁNDOLA COMO ADULTOS.

VEAMOS AL DINERO SOLO COMO UNA ENERGÍA MÁS, NO COMO UN DIOS, REGRESEMOS AL VERDADERO DIOS Y VIVAMOS EN PAZ Y LIBERTAD.

SEAMOS LOS AMOS DE NUESTRA MENTE Y ELIMINAREMOS A QUIEN ESTA LACERANDO NUESTRO ESPÍRITU. ACTUEMOS CON CONCIENCIA, APAGUEMOS EL BOTÓN DE AUTOMÁTICO, NO SIGAMOS DIGITALIZANDO NUESTRO CORAZÓN.

LA CAPACITACIÓN ES UNA HERRAMIENTA MÁS PARA CRECER INTELECTUALMENTE Y LA SENSIBILIDAD PARA CRECER ESPIRITUALMENTE.

LIBEREMOS AL CORAZÓN, EJERCITÉMOSLO AMANDO, AMÁNDONOS, NO TIENE POR QUE EXISTIR UNA RAZÓN.

LA TECNOLOGÍA NUESTRO ENEMIGO EXTERNO MÁS PODEROSO TERMINARÁ POR DESTRUIRNOS, PERO NO MURAMOS SIN LUCHAR, POR LO MENOS EN CASA NO LO DEJEMOS ENTRAR.

HAGAMOS DE LA CALMA Y LA PACIENCIA NUESTRAS AMIGAS INSEPARABLES, DIGAMOS ADIÓS A LA PRISA,

NOS TIENE PRESOS, POR LO MUCHO QUE QUEREMOS ABARCAR, QUE NUESTRA DIVERSIÓN FAVORITA Y ADEMAS GRATUITA SEA LA COMUNIÓN CON LA NATURALEZA, CON DIOS, CON NOSOTROS MISMOS, EL IR DE COMPRAS SOLO TRAE AGITACIÓN, MAXIMIZA EL CONSUMISMO Y TAMBIÉN EL MATERIALISMO QUE SOLO NUBLAN NUESTRA RAZÓN, ELIMINEMOS EL RECHAZO ABRAZANDO LA ACEPTACIÓN.

RECORDEMOS QUE EN CASA EL PRIMER LUGAR LO TIENE EL PADRE, EL HIJO PARA MANDAR TIENE QUE ESPERAR A SERLO Y SOBRE TODO CONSEGUIR SU PROPIO REYNO. DEJEMOS DE TOLERAR LAS MALAS ACCIONES DEL HIJO ESO NO NOS VA A CANONIZAR, NUESTRO DEBER DE PADRE ES OBLIGARLO A QUE SEA OBEDIENTE Y RESPETUOSO CON NOSOTROS Y CON LOS DEMÁS Y SOLO ASÍ DE SU NEGRO KARMA SE LIBRARA.

RESPETEMOS LAS ETAPAS DE LA VIDA, VIVAMOS ÚNICAMENTE LA QUE ESTEMOS VIVIENDO AL MOMENTO, SI ERES PADRE ¡SE PADRE, RESPONSABILIZATE!, SI ERES ABUELO ¡SE ÚNICAMENTE ABUELO! TU RETIRO TE LLEGO Y NO SOLO REFIERE A LA OFICINA, SINO SI NO A LA PRIMERA ETAPA DE SER PADRE QUE ES LA CRIANZA DE LOS HIJOS . NO NEGUEMOS A NUESTROS HIJOS LA CARGA QUE A CAÍDO EN SUS MANOS CON LA LLEGADA DE SUS HIJOS Y DEJEMOS QUE RECIBAN TAMBIÉN SU FRUTO COMO NOSOTROS LOS ABUELOS LO RECIBIMOS. NADIE SABE SER PADRE LA VIDA Y LOS MISMOS HIJOS NOS ENSEÑAN A SERLO. NO LES NEGUEMOS MAS A NUESTROS HIJOS ESA HERMOSA EXPERIENCIA. DEJEMOS QUE SUFRAN, QUE APRENDAN, AL FINAL TENEMOS NUESTRA RECOMPENSA, CUANDO LOS HIJOS NOS DICEN GRACIAS POR PARTIRTE EL ALMA, PARA DARME TODO, SER TU HIJO ES MI MEJOR EXPERIENCIA.

Y EN CUANTO A LOS NIETOS DECIRLES CON HECHOS Y HERMOSAS PALABRAS MIRA HIJO YO SOY TU ABUELO

SOLO ESTOY AQUÍ PARA AMARTE Y ELLOS SON TUS PADRES Y TIENEN LA OBLIGACIÓN DE ALIMENTARTE. REDIRECCIONEMOS A NUESTROS NIÑOS, SON TIRANOS PORQUE SE LOS PERMITIMOS.

ABRAMOS ESA CAPSULA DONDE NOS INTRODUJIMOS, RECONOZCAMOS NUESTRO VERDADERO YO, VISITEMOS NUESTRA CASA INTERIOR, MAS QUE NUESTRA CASA DE CAMPO. HAY QUE CEDER TODOS LOS DERECHOS AL CORAZÓN, ROMPAMOS ESAS CADENAS QUE LE HEMOS IMPUESTO, PONGAMOS EN SU LUGAR A LA MENTE, RECORDANDOLE QUE SOLO ES UN SIRVIENTE, LIBEREMOS NUESTRA ESENCIA Y SE ELEVARA NUESTRO ESPIRITU Y DEJEMOS DE SER ROBOTS.

DESCARTEMOS LA AMBICIÓN, CAMBIEMOS LO MATERIAL, POR LO ESPIRITUAL EN LA SUPERFICIE HAY MUCHO QUE VER, QUE DESEAR. PERO SUMERJÁMONOS EN NUESTRO INTERIOR AHÍ HAY MUCHO QUE SENTIR, QUE AMAR.

DEJEMOS DE DEMOSTRAR QUE TENEMOS MÁS Y COMENCEMOS A DEMOSTRAR QUE SOMOS MÁS, NO IMPORTA LO QUE TENEMOS, IMPORTA LO QUE SOMOS Y SIEMPRE EN PRESENTE. PORQUE LO QUE FUIMOS YA SE FUE Y LO QUE SEREMOS AUN NO LLEGA. NUESTRA VERDADERA ESENCIA ES: "QUE SOY HOY".

RECONSTRUYAMONOS REMODELEMOS NUESTRA CASA INTERIOR, SI INSISTIMOS EN VIVIR A FUERA ENTONCES POR LO MENOS ORGANICEMOS NUESTRA PAPELERA DEL COMPUTADOR EN QUE HEMOS CONVERTIDO NUESTRA EXISTENCIA DEVOLVIENDO EL PAPEL Y EL LUGAR SEGÚN CORRESPONDA, NUESTROS DICHOS MEXICANOS NOS PUEDEN AYUDAR "HONOR A QUIEN HONOR MERECE", "AL CESAR, LO QUE ES DEL CESAR" "DONDE MANDA CAPITÁN, NO GOBIERNA MARINERO"

REIVINDIQUEMONOS CON NUESTRA MADRE TIERRA, YA NO AMEMOS TANTO LA COMODIDAD, QUE SOLO ORIGINA BASURA, DEJEMOS DE RELLENAR EL

CUERPO DE NUESTRA MADRE TIERRA CON "ASERRIN", TODAVÍA ESTA VIVA Y TAL VEZ AÚN NOS DEJE VIVIR.

VENEREMOS, RESPETEMOS A NUESTROS ANCIANOS, SI NO ES POR AMOR AL MENOS POR MIEDO DE QUE CUANDO NOS TOQUE LLEGAR AL MISMO OCASO, SE NOS TRATE IGUAL COMO HICIMOS CON ELLOS.

COMENCEMOS A UTILIZAR LA COMPUTADORA COMO HERRAMIENTA DE TRABAJO, NO COMO ARMA MORTAL.

AL AUTOMOVIL TOMEMOSLO COMO LO QUE SEA, LUJO O NECESIDAD PERO MANEJEMOS CON CONCIENCIA EVITANDO QUE SEA UN ARMA MORTAL. AL ENTRAR RECORDEMOS SIEMPRE, QUIEN MANEJA A QUIEN.

VIVE TU VIDA, HAZ LO QUE TENGAS QUE HACER IMPRESIÓNATE A TI MISMO, PRESÚMETE A TI MISMO ORGULLECETE DE TI MISMO,

LLAMEMOS IMPORTANTE A LAS PERSONAS QUE TENGAN CALIDAD HUMANA YA SEA QUE TENGAN DINERO O NO.

TRATEMOS DE VIVIR COMO SI ESTUVIÉRAMOS SOLOS, MEJOR AÚN SIN PERDER DE VISTA QUE DIOS NOS OBSERVA CONSTANTEMENTE. NOS SENTIREMOS MAS LIBRES SI DEJAMOS DE DARLE IMPORTANCIA A LO QUE OPINAN LOS DEMÁS.

DESERTEMOS DE LA COMPETENCIA

INTERESÉMONOS SOLAMENTE POR NOSOTROS MISMOS NO POR LOS DEMÁS IMPORTA SOLAMENTE LO QUE NOSOTROS SOMOS, HACEMOS, TENEMOS ES LO MAS HERMOSO TAL VEZ SEAS O TENGAS MUY POCO PERO ES TU POSESIÓN.

DEJÉMONOS DE PREOCUPAR POR LOS DEMÁS NOSOTROS MISMOS SOMOS MAS IMPORTANTES

ALEJÉMONOS DEL CONSUMISMO LAS COMPRAS CANSAN NO DESCANSAN Y ES LA DIVERSIÓN MÁS CARA DE NUESTROS DÍAS

INTENTEMOS RETOMAR LAS DIVERSIONES DE ANTAÑO Y QUE ADEMÁS NO SATURAN LA TARJETA DE CRÉDITO

DESCARTEMOS LA MANIPULACIÓN Y EL CHANTAJE

DEJA DE BUSCAR RAZONES PARA ESTAR FELIZ, SIMPLEMENTE SE FELIZ DISFRUTA MAS, SIENTE MAS, AMA MAS, BAILA MAS, CANTA MAS, ESO ES FELICIDAD

ACTÚA SIEMPRE BIEN RECUERDA LA MUERTE ES LA GRADUACIÓN LOS ACTOS LAS CALIFICACIONES DE ELLOS DEPENDERÁ SI TE GRADÚAS CON HONORES, O SOLO CON LA CALIFICACIÓN NORMAL, O SI NUNCA TE GRADÚAS TODO ESTO DETERMINARA QUE TRASCIENDAS LAS MUERTE HACIA UNA ETERNIDAD FELIZ NO ES CIERTO QUE NOS VAMOS PARA SIEMPRE SOBREVIVIMOS A LA MUERTE POR MEDIO DE LOS ACTOS BUENOS QUE REALIZAMOS EN VIDA.

RECUERDA SI TE SUICIDAS NO TE PODRÁS GRADUAR TE QUEDARAS COMO OBRERO DE LA ETERNIDAD

RECUERDA SI MATAS TE CONVERTIRÁS EN EL ASALTANTE DE LA JOYERÍA DE DIOS Y TAMPOCO TE PODRÁS GRADUAR, HABRÁS REPROBADO

HAGAMOS A LA PACIENCIA NUESTRA AMIGA INSEPARABLE

HAGAMOS TODO LENTAMENTE OLVIDEMOS LA PRISA

SI OLVIDAMOS LA PRISA SE DESPEDIRÁ DE NOSOTROS LA ANSIEDAD, Y LA ANGUSTIA ¡ADIÓS!

ENCONTREMOS AL FIN EL SIGNIFICADO DE LA VIDA VIVIENDO INTENSAMENTE

ENTENDIENDO QUE ES NUESTRA ESCUELA Y QUE TENEMOS QUE HACER NUESTRA TAREA ACTUAR BIEN Y PARTICIPAR EN CLASE COMPARTIR CON LOS DEMÁS, QUE HABREMOS DE PASAR SIN SABORES, DESVELARNOS, PREOCUPARNOS PERO AL FIN HABRÁ VALIDO LA PENA ¡TAL VEZ TE GRADÚES CON HONORES!

SE EQUIVOCA EL QUE DICE QUE LA MUERTE NOS HACE A TODOS IGUALES, NO ES VERDAD A ALGUNOS LOS GRADÚA CON PROMEDIO NORMAL, A OTROS CON MENCIÓN HONORÍFICA A OTROS NI SIQUIERA LOS GRADÚA.

ENTONCES SI IMPORTA COMO VIVAS, PUES COMO VIVAS VAS A MORIR Y COMO MUERAS TE VAS A GRADUAR.

EL QUE ACTÚO MAL PRESENTARA EXAMEN FINAL SI SE ARREPIENTE DE CORAZÓN LO PASARA SI NO REPROBARA NO SE PODRÁ GRADUAR, EL RICO SI ABANDONA EL MATERIALISMO SI DEJA DE SER SUPERFICIAL SERÁ SU MANERA DE PASAR EL EXAMEN SI NO REPROBARA TAMBIÉN.

LO VES NADA ES INÚTIL TODO TIENE SENTIDO, EL TIEMPO NO SE PIERDE, NOSOTROS NOS PERDEMOS EN EL TIEMPO. PERO SOLO SI ACTUAMOS MAL. SI ACTUAMOS BIEN AUN PERDIDOS EN EL TIEMPO NOS ENCONTRAREMOS EN LA ETERNIDAD.

RECORDEMOS QUE EL CUERPO ES NUESTRA ARMADURA, EL VERDADERO YO ESTA DENTRO DE ESTA. HABITANDO TÚ CASA INTERIOR.

DEJÉMONOS DE MOVERNOS DE AQUÍ PARA ALLÁ BUSCANDO A LA VIDA TRATANDO DE APROVECHARLA MEJOR PERMITAMOS QUE ELLA NOS ENCUENTRE ESA SERÁ NUESTRA MAYOR EXPERIENCIA. ENTONCES SABRÁS LO QUE ES LA VIDA Y DEJARAS DE TEMERLE A LA MUERTE.

AUNQUE EN ESTE PUNTO MI HUMILDE OPINIÓN ES QUE NO LE TEMEMOS A LA MUERTE, SINO AL DOLOR FÍSICO, EMOCIONAL ESPIRITUAL, QUE ESTA IMPLICA.

AMA TU VIDA DEJA DE DESEAR SER RICO DEJA DE ENFOCARTE EN EL DINERO PUEDE SER QUE TE CONSIDERES POBRE Y SEAS EL MAS RICO DE ENTRE LOS RICOS.

ENORGULLÉCETE DE TU HOGAR EXTERIOR E INTERIOR RECUERDA NO TODO LO QUE BRILLA ES

ORO Y AUNQUE LA JAULA SEA DE ORO NO DEJA DE SER PRISIÓN.

DEJEMOS DE SER RACISTAS, SI BUSCAMOS EN EL FONDO GENERALMENTE ES UNA REACCIÓN, PERO EN TODOS LOS PAÍSES HAY BUENOS Y MALOS Y POR UNO NO PODEMOS CLASIFICAR A TODOS DE LA MISMA MANERA EL ASESINO MATA Y SU VICTIMA MUERE, Y EL TAMBIÉN ALGÚN DÍA MORIRÁ PERO SOLO UNO SE GRADUARA, EN VIDA SU VICTIMA PERDIÓ PERO AL FINAL GANARA Y EL EN VIDA GANO PERO AL FINAL PERDERÁ. AHÍ ESTA LA DIFERENCIA. QUE NO NOS PERMITE SER IGUALES NI EN LA VIDA NI EN LA MUERTE.

LA MUERTE NO DESTRUYE LA VIDA, CONSTRUYE TU SILLA O TU FOSA PARA TU SIGUIENTE VIDA.

AL MORIR LO ÚNICO QUE ABANDONAMOS, DEJAMOS, PERDEMOS ES LA ARMADURA EL CUERPO TODA LA ESENCIA DE NUESTRA CASA INTERIOR SE VA CON NOSOTROS Y SU DESTELLO SI ES QUE LA UTILIZAMOS, LA ILUMINAMOS EN VIDA NOS PERMITIRÁ SOBREVIVIR A LA MUERTE. ES CUANDO REALMENTE COMENZAMOS CON ESA DIVINIDAD CON LA QUE DIOS NOS CREO PARA VIVIR PERO EN VIDA LA NEGAMOS SOLO ES HASTA QUE MORIMOS QUE LA DISFRUTAMOS.

ESFORCÉMONOS A DIARIO POR VER Y ATRAPAR, APROVECHAR TODAS ESAS OPORTUNIDADES QUE DIOS NOS MANDA A DIARIO PARA SER FELICES, PARA HACER FELICES A LOS DEMÁS. ¿COMO? DEJEMOS DE BUSCARLAS, MANTENGÁMONOS QUIETOS CON UNA QUIETUD ALEGRE Y SOLO DEJEMOS QUE SUCEDAN.

POR MAS QUE TRATEMOS DE HACER QUE SUCEDAN NO LO VAMOS A LOGRAR RINDÁMONOS A LA VIDA, AL AMOR. Y SEAMOS FELICES.

OBSERVEMOS LA NATURALEZA ELLOS NO HUYEN NO SE EVADEN EN BUSCA DE LA VIDA DE LA FELICIDAD JUSTO DESPUÉS DE UNA TORMENTA EL SOL VUELVE A BRILLAR AHÍ ESTA NO SE FUE A NINGÚN LADO, DESPUÉS

DE UN HURACÁN EL ÁRBOL SIGUE ENRAIZADO A LA TIERRA Y SIGUE SU VIDA. LA NATURALEZA NO SE MUEVE EN LA BÚSQUEDA DE LA VIDA Y SIN EMBARGO LA VIDA LLEGA HACIA ELLA UNA Y OTRA Y OTRA VEZ ¡HAGAMOS LO MISMO! SI ESTAS SUFRIENDO SUMERJETE EN EL SUFRIMIENTO, LLORA NO TE MUEVAS NO HUYAS NO TE EVADAS Y LA VIDA REGRESARA A TI JUSTO COMO LO HACE CON LA NATURALEZA.

NO ES NECESARIO ARROJARNOS A UNA BÚSQUEDA INTERMINABLE DE NADA DE IR DE UN LUGAR A OTRO DE UNA RELIGIÓN A OTRA, DE UN MATRIMONIO A OTRO, EL LUGAR IDEAL, LA CASA IDEAL, LA RELIGIÓN IDEAL EL MATRIMONIO IDEAL ESTÁN JUSTO DENTRO DE NOSOTROS, DIOS ESTA DENTRO DE NOSOTROS, SI DESISTIMOS DE LA LOCA IDEA DE FORZAR LAS COSAS DE HACER QUE SUCEDAN Y SOLO DEJAMOS QUE SUCEDAN POR SI SOLAS TODO LLEGARA A NOSOTROS, LA VIDA ERES TU, SE MANIFIESTA A TRAVÉS DE TI. LA FELICIDAD ESTA DENTRO DE TI NO AFUERA. POR LO TANTO EL QUE SEAS FELIZ DEPENDE ENTERAMENTE DE TI NO DE LOS DEMÁS.

LA VIDA, LA FELICIDAD EL AMOR, SI REALMENTE LOS QUEREMOS MÁS VALE QUE NOS QUEDEMOS EN CASA EN NUESTRA CASA INTERIOR PUES SI SALIMOS ES SEGURO QUE CUANDO NOS LLEGUEN ESTAS TRES COSAS NO NOS ENCUENTRES AHÍ. COMO EN LAS PELÍCULAS EL ENAMORADO SALE CORRIENDO AL AEROPUERTO A BUSCAR A SU AMADA Y LA DAMA DECIDE NO IR AL AEROPUERTO VA A LA CASA DEL ENAMORADO PERO NO SE ENCUENTRAN. SUCEDE LO MISMO CON LA VIDA, LA FELICIDAD, EL AMOR. VAMOS PERSIGUIÉNDOLOS Y ELLOS A NOSOTROS Y NO NOS ENCONTRAMOS. QUEDÉMONOS QUIETOS EN CASA Y LLEGARAN SIN NECESIDAD DE SALIR A BUSCARLOS.

YA NO PERMITAS QUE LA MENTE TE TORTURE CON TODO ESE CUENTO DE FANTASMAS DE LA INFANCIA, DE

LA ADOLESCENCIA, DEL DESAMOR QUE HAS SUFRIDO, DEL MAL QUE HAS RECIBIDO, DE LO QUE HAS PERDIDO OBLÍGALA A QUE TE TORTURE AMOROSAMENTE RECORDANDO DESDE TU INFANCIA SI PERO SOLO LO BUENO QUE HAS HECHO EL BIEN QUE HAS RECIBIDO, LO DEMÁS DÉJALO IR CON AMOR Y CON AMOR RECIBE LO NUEVO UBÍCATE SOLO EN TU PRESENTE ENSÉÑALE ESE TIEMPO QUE LA MENTE NO CONOCE Y DEJARA DE TORTURARTE.

DEJEMOS DE ESFORZARNOS POR SATURARNOS DE INFORMACIÓN PARA AMPLIAR NUESTRO CONOCIMIENTO NUESTRO VOCABULARIO Y HABLAR BIEN CON ESE DESEO CONSTANTE DE IMPRESIONAR MEJOR

ESFORCÉMONOS POR COMENZAR A UTILIZAR NUESTRO CORAZÓN Y SENTIR MEJOR NO SEAMOS BUEN ORADOR SINO BUEN AMADOR. E IMPRESIONÉMONOS A NOSOTROS MISMOS AL DESCUBRIR NUESTRA ENORME CAPACIDAD DE AMAR INUTILIZADA HASTA AHORA.

NO LLENEMOS A LA MENTE DE INFORMACIÓN DE PALABRAS, PERO LLENEMOS EL CORAZÓN DE BUENOS SENTIMIENTOS DE AMOR.

EN LA ESCUELA NOS ENSEÑAN COMO UTILIZAR LA MENTE NOS LA ENCIENDEN BUSQUEMOS EL BOTÓN DE APAGADO EN NUESTRA QUIETUD INTERIOR EN ESA PAZ QUE CONOCEREMOS SOLO SI HACEMOS LIMPIEZA A NUESTRA CASA INTERIOR. PUES CON EL RUIDO EXTERIOR NO NOS ESCUCHAMOS A NOSOTROS MISMOS CON TANTA CONTAMINACIÓN A NUESTRA PERSONA NI SIQUIERA PODEMOS VER COMO SOMOS REALMENTE. PARA DESCANSAR UN POCO EN VIDA NO HASTA LA MUERTE. UTILICEMOS LA MENTE SOLO CUANDO SEA NECESARIO Y SIEMPRE A NUESTRO FAVOR NO EN NUESTRA CONTRA. RECORDEMOS NOSOTROS SOMOS LOS AMOS Y ELLA EL SIRVIENTE.

ABRAMOS ESA CAPSULA DONDE NOS INTRODUJIMOS RECONOZCAMOS NUESTRO VERDADERO YO, VISITEMOS NUESTRA CASA INTERIOR MAS QUE NUESTRA CASA DE CAMPO, CEDAMOSLE TODOS LOS DERECHOS AL CORAZÓN, PONGAMOS EN SU LUGAR A LA MENTE, RECORDANDO QUE SOLO ES UN SIRVIENTE, LIBEREMOS NUESTRA ESENCIA Y DEJEMOS DE SER ROBOTS.

LIBEREMONOS DE LA AMBICION, CAMBIEMOS LO MATERIAL POR LO ESPIRITUAL, EN LA SUPERFICIE HAY MUCHO QUE VER, QUE DESEAR, Y TAL VEZ NI LO LLEGUEMOS A TENER, SUMERJÁMONOS EN NUESTRO INTERIOR AHÍ HAY MUCHO QUE DISFRUTAR Y AMAR Y ESO YA LO TENEMOS, SOLO QUE NO LO PODEMOS VER.

# CONCLUSIÓN

Quien busca el bien común siempre será criticado, siempre recibirá mal por bien, siempre encontrará al enemigo malo en su camino, que se mete en las personas, que le critican severamente, las personas que ayuda y que le pagan con mal, las personas que con burla le dirán ¡Ahí esta, venia por lana y salio trasquilado! ¿Hablas por experiencia? ¡El que habla del camino, andado lo tiene! ¡Ahí viene la redentora! Son palabras con tono de burla que se convierten en bofetadas, y al principio te conviertes en una Renegada, por hacer caso a esas palabras, pero cuando comprendes que las personas que te abofetean con sus palabras, están tan enfermas y son tan débiles espiritualmente, tan enfermas como tu o más, ya no te duelen sus bofetadas y la renegada se modifica y se vuelve una Renegada Social pero constructivamente y sigue con su labor y surge la respuesta para el ofensor. ¡Si, he andado el camino donde sale una enorme serpiente, no sigas por ahí, es mejor que regreses! ¡Si, mis infortunadas experiencias, me permiten hablar con el corazón, no solo por querer tener la razón!

Hay millones en circunstancias adversas, pero cuando vencemos la soberbia, y con humildad revisamos las mismas, aparece la magia divina y encontramos miles de opciones mas que ni siquiera podíamos imaginar y nos damos cuenta que no todo fue infortunio, pues la experiencia más ilustrativa es la que adquirimos en la adversidad, vemos que tan malo es el conformismo y sentimos la necesidad de cambiar para mejorar, nos da pena la mediocridad que nos llevo a actuar mal. Nos hacemos concientes que nos atrapo la avaricia y confundimos la debilidad por necesidad. Ahora sabemos que nada nos justifica, cuando actuamos mal.

El sufrimiento es un excelente escultor y de las piedra que somos el la convierte en flor.

De todo aprendemos de lo malo y de lo bueno, adquirimos conocimiento y el que no comparte su conocimiento es como un avaro, que esconde su riqueza. El dolor nos hace descubrir que somos pedazos de oro, cubiertos de lodo. Y entonces al descubrirlo tomamos como misión gritarlo al mundo para que todos encuentren su tesoro.

Tristemente también hay personas que no aprenden, se estancan y así mueren y viven siendo egoístas, les duele compartir, repiten constantemente "Mucho me costo a mi" Y se ufanan al decir ¡Nadie me ayudo! Lo cual es una mentira vil, pero lo mucho que han sufrido les hace hablar así.

En la vida siempre encontraremos la mano amiga que nos levanta, la voz de la bondad que nos alienta, el abrazo amoroso que nos felicita cuando hemos superado el mal, es nuestro creador que se ocupa día a día de nosotros, aunque nosotros nos empecinemos en negarlo, pero lo aceptemos o no ¡Nada, podemos solos! Y ¡Nada somos sin el!

Una cosa más. Si han decidido reconstruir su casa interior ¡FELICIDADES! Es otra oportunidad para que tengamos una vida llena de amor, felicidad y libertad.